吾乡吾土 引 导 手 册

山中万物

田字格公益◎编

孔學堂書局

图书在版编目（CIP）数据

山中万物 / 田字格公益编 . -- 贵阳 : 孔学堂书局 , 2025. 3. --
（吾乡吾土 / 肖诗坚主编）. -- ISBN 978-7-80770-600-7

Ⅰ . N49

中国国家版本馆 CIP 数据核字第 2024PC9773 号

吾乡吾土 · 引导手册　　肖诗坚◎主编

山中万物　　田字格公益◎编

责任编辑：窦玥声　周亿豪
装帧设计：潘伊莎
排版制作：潘伊莎
责任印制：张　莹　刘思好

出版发行：贵州日报当代融媒体集团
　　　　　孔学堂书局
地　　址：贵阳市乌当区大坡路26号
印　　刷：天津联城印刷有限公司
开　　本：889mm × 1194mm　1/16
字　　数：198千字
印　　张：9
版　　次：2025年3月第1版
印　　次：2025年3月第1次印刷
书　　号：ISBN 978-7-80770-600-7
定　　价：25.00 元

『吾乡吾土』丛书序

自2017年秋季学期在贵州省正安县田字格兴隆实验小学开启第一堂乡土人本主题课（即乡土主题课前身）始，历经八载的更迭，我们终于完成了“吾乡吾土”丛书的编纂工作，丛书总计14册。在此，我们诚挚地将这份凝聚着上海浦东新区田字格志愿服务社（下称：田字格公益）8年来在乡土人本教育中探索与实践的心血结晶，奉献给所有在乡村教育征途上不懈探索的同行者。

在本丛书中，《吾乡吾土的探索与实践》作为理论、方法和实践核心，为其他图书奠定了坚实的基础；《吾乡吾土指导纲要》则为乡土主题课（下称：乡土课）的整体实施提供了总揽性的指导；“吾乡吾土·引导手册”系列（共4册，下称：“引导手册”）分别针对乡村小学一至四年级的乡土课“大山·家”“山中万物”“山中田事”“山中百居”四大主题，制订了详细的教学指导方案；“吾乡吾土·探索手册”系列（共8册，下称：“探索手册”）则是配套的学生任务单，供学生在实践中记录学习。

这14册图书不仅记录了田字格公益8年来在乡土人本教育领域的艰辛探索，更承载了整个团队对乡村教育的深厚情感与执着追求。它们的珍贵与独特在于其系统性、专业性、实践性和可操作性。

本丛书中的“引导手册”“探索手册”专为贵州省乡村小学一至四年级教师及学生定制，深度贴合乡村生活实际，同时参考国家课程标准，探索跨学科的综合实践教学，且经过贵州省遵义市正安县、务川仡佬族苗族自治县，黔西南布依族苗族自治州兴义市、贞丰县，以及毕节市七星关区等地共计百余所乡村小学的多年实践和多次迭代优化，确保了其内容的广泛适用性和实践性。为简化乡村教师的教学流程，本丛书的“引导手册”包含详尽的学期教学计划、单元计划及教案，并提供配套电子课件。教师接受简单培训，即可依据“引导手册”轻松开展课堂教学。

值得一提的是，“吾乡吾土”丛书虽是基于贵州百余所田字格公益项目学校的实践经验不断优化总结而成，但对中国山区，尤其是西南地区的学校同样适用，教师根据教学实际对“引导手册”和“探索手册”内容进行适当调整，即可应用于自己的教学。

最后，我们深知，尽管我们已倾注全力，但仍有诸多不足。我们衷心希望各位读者能够不吝赐教，提出宝贵建议，帮助我们不断进步与完善。

肖诗坚

2024年11月25日

一、“山中万物”主题介绍

对于乡村儿童而言，山中的花草树木、飞禽走兽、各类昆虫以及潺潺溪流、四季变换等自然景象，都是日常生活不可或缺的一部分。这些自然元素不仅构成了他们成长的环境，更是他们童年探索的乐园与想象的源泉。

小学低年级的孩子，正处于对世界充满无限好奇、热衷探索的黄金时期。他们乐于仔细观察身边出现的每一个细微事物。无论是随风摇曳的树叶，还是悄然爬行的昆虫，都能引发他们无限的遐想与好奇。他们对身边的万事万物都充满了天马行空的想象，对自然界的各种现象都能产生无数的好奇与疑问。

天地课堂，万物为师。大自然的一花一草、一木一石、一鸟一虫，都是孩子们最生动、最直观的学习对象。而贵州地区所拥有的无比丰富的动植物资源，更是为贵州乡村儿童提供了一座珍贵的自然知识宝库。

因此，二年级的乡土课程以“山中万物”为主题，精心设计了一系列教学活动。旨在带领孩子们从身边熟悉而又神奇的山中自然事物出发，通过实地观察、亲身体验、互动讨论等多种方式，认识家乡。同时也满足低年级孩子旺盛的探索欲、亲近大自然的天性。

在课堂上，孩子们将有机会走进自然，近距离观察平日里司空见惯却又充满无数奥秘的自然事物。他们会在教师的引导下，识别常见的植物并发现其中蕴藏的智慧；追踪小动物的踪迹，了解动、植物之间的关系；观察日月、风云、水土，领悟自然事物的力量。

这些活动不仅能够帮助孩子们掌握丰富的自然知识，还能够培养他们的观察力、想象力和创造力。在探索的过程中，孩子们的好奇心将得到进一步的激发，他们对自然的热爱与敬畏之情也将油然而生。

二、适用对象：二年级学生

三、课时安排：40课时（每课时40分钟）

“山中万物”主题课程分为上、下两学期进行教学，每学期各20课时，共40课时。

四、主题目标

“山中万物”主题课程的开展，旨在提升学生八大方面的核心素养[1]。

1 “核心素养”的来源以及解释，可以参考《吾乡吾土指导纲要》（孔学堂书局2025年版）第一章内容。

（一）勇于探究

学生能在观察探索活动中，提出具体且符合要求的问题；能利用多种感官观察、体验或使用简单的工具进行探究，得出结论。

（二）实践创新

学生能发挥创意和想象，将自己的创意转化为与主题相关度高的作品。

（三）沟通合作

在小组讨论中，学生能遵守“轮流发言”“专注倾听”等合作学习约定，与组员合作，共同完成任务。

（四）自信分享

学生愿意分享自己的观察、感受和创作成果，以及小组讨论的结果，在分享时能遵守分享礼仪和规则，使用流畅的语言进行表达。

（五）乐学善学

学生能积极参与课堂互动、小组讨论、艺术创作等活动。

学生能掌握“气泡图”的绘制方法，能绘制至少包含三级主题的“气泡图”。

学生能填写“我的成长档案”进行自我评价和他人评价，总结和思考自己和小组伙伴的成长变化。

（六）乡土认同

通过观察、学习常见的动、植物及自然事物和现象，学生加深对家乡自然环境的了解，增强对家乡的亲切感和认同感。

（七）社会责任

学生能遵守课堂规则；能理解山中万物（生命）之间相互依存的关系；能认识到动植物对生态系统的重要性，以及其他自然事物对大山中生命的重要性。

（八）审美情趣

学生能通过绘画等形式进行艺术创作，并能从不同的角度尝试欣赏他人作品。

五、主题内容

（一）“山中万物”（上）

本主题上学期课程主要围绕山中的植物、动物展开，包含“走进山中万物”“遇见植物王国”“探寻动物世界”“大山·生命的乐园”四个单元。学生从神话故事中了解万物的起源；通过户外观察、艺术创作和游戏等活动，感受植物的智慧，了解动物的贡献，体验生命的多样性和生态的平衡，培养对自然的敬畏和责任感。

走进山中万物：通过户外探索活动，学生发现和记录山中的自然事物。通过神话故事，激发学生对自然事物起源的好奇心。

遇见植物王国：识别和了解山中常见的植物，探索它们的生存智慧。

探寻动物世界：认识山中的动物，了解它们的生活习性及在生态中的作用。

大山·生命的乐园：通过游戏和绘画活动，学生理解动植物之间的相互依存、相互关联、共生共荣的关系。

（二）“山中万物”（下）

本主题下学期学生继续探索自然奥秘，重点探索日、月、风、云、水、土等自然事物及其与山中生命的密切联系，主要包括“走进山中万物”“认识日月风云”“滋养万物水和土”“我为山中万物代言”四个单元。其间，通过自然观察、探究实验和创意表达，学生将深入理解山中万物的相互依存关系，同时提升观察力、探究力和艺术创造力。

走进山中万物：在真实的大山环境中，学生调动感官，发现除动物和植物之外的其他自然事物，对自然事物产生探究的兴趣，并提出感兴趣的问题，为后续课程的开展做好铺垫。

认识日月风云：学生继续深入探索山中的自然事物，包括太阳、月亮、风和云，了解它们的特征以及对动植物和人类的重要作用。

滋养万物水和土：学生通过学习活动，认识水和土的特征，了解无处不在的水和土对动植物的重要性，初步建立珍惜和保护水土资源的意识。

我为山中万物代言：学生通过图文形式表达自己对自然事物重要性的理解，进一步理解山中万物相互关联、相互依存的关系。

六、课程资源包

为了给乡土课教师和学生提供全面、系统的支持，实现课程目标，田字格公益为教师和学生提供了一整套教学和学习材料，包括：“引导手册”系列、“探索手册”系列以及电子课件等，这些统称为“乡土课程资源包”。

教师需将“引导手册”“探索手册”和电子课件整合使用，以确保教学内容的一致性。同时，教师可根据学校的实际情况以及学生的实际需求，灵活调整教案和活动设计，创造性使用“乡土课程资源包"中的内容。为了保证内容的完整性，每次课都比较紧凑，教师可以根据实际情况灵活增加课时，以保证每次课都能充分开展。

（一）"引导手册"系列

每名教师配备 1 本，作为教学的主要参考。内容包括：

1. 课程介绍：整个学年的教学蓝图，包括主题目标、主题内容、课程评价方式、使用建议等。

2. 单元教学计划：详细介绍了每个单元的教学设计思路、学习目标等。

3. 教案：包括每堂课具体的教学目标、教学重难点、教学建议、教学准备、教学内容等。教案中涉及的视频、图片、音频等资源，教师可通过网络自行搜索下载，也可根据需要替换为近似的资源文件。

4. 教具清单：主题学习所需的教具和材料清单，包括彩笔、剪刀、卡纸、绘本以及教师需要提前准备的各类材料等，帮助教师做好课前准备。

5. 学生学期评价量表：用于评估学生在学期的学习进展和成就。

6. 合作学习约定：为了使小组能顺利地完成任务，课程中会教授学生合作技巧（即每次布置任务时提到的合作学习约定），包括"轮流发言""举手表决""专注倾听""分工明确""达成共识""做好记录"等。

（二）"探索手册"系列

每名学生配备 1 本，用于课堂活动和课后作业。"探索手册"旨在引导学生积极参与课堂活动、记录学习要点和完成课后任务。

（三）电子课件

电子课件包含多媒体教学材料，如图片、PPT，与"引导手册""探索手册"紧密配合使用，以增强学生的学习体验。

扫描二维码（图 1），填写表单即可获取课件下载方式。

图1：电子课件申领二维码

七、课程建议

（一）课程重点

1. 五步教学法

“五步教学法”是设计乡土课的主要工具[1]，无论是学期教学计划、单元设计、课堂教案设计，都离不开五步教学法的应用。五步教学法包括：体验、学习、创造与行动、分享、联结与升华。

在“山中万物”主题上学期中，第一单元“走进山中万物”设计了户外观察活动，引导学生通过体验发现身边丰富的事物，提出问题；第二单元“遇见植物王国”和第三单元“探寻动物世界”设计了植物动物知识的学习、分享活动，引导学生学会学习和分享；第四单元“大山·生命的乐园”，学生结合前期所学，创作绘制动植物“乐园”的图画，并进行展示分享。通过活动以及教师的引导，学生将感受到生命的丰富多样和生态平衡的和谐美好，对身边事物产生更深的联结，对自然产生敬畏和责任感，即联结与升华。

在“山中万物”主题下学期，“走进山中万物”单元设计了户外观察体验活动，引导学生对身边司空见惯的自然事物提出问题；“认识日月风云”“滋养万物水和土”单元设计了日月、风云、水土等知识的学习，引导学生了解其特点及对人类和动植物的重要作用；“我为山中万物代言”单元，学生结合前期所学，编织万物之网，创作图文作品为万物“代言”，并展示分享。通过活动以及教师的引导，学生将感受到山中万物是相互联结相互依存的，它们紧密联系，缺一不可，更懂得珍惜身边事物，进一步提升对自然的责任感。

2. 培养自然观察技能

“山中万物”主题课程设计了一系列户外观察活动，引导学生运用五感观察法，全面、深入观察动植物及自然现象。这种亲身体验的方式不仅让学生获得了对自然世界的直接认识，而且有效提升了他们的观察力和感知能力。五感观察法是一种综合利用视觉、听觉、嗅觉、味觉和触觉这五种感官来感知和描述事物特征的观察方法。

视觉：用眼睛观察事物的形状、颜色、大小、姿态、空间布局等。

听觉：用耳朵捕捉声音，如鸟鸣、风声、雨声、音乐、人声等。

嗅觉：用鼻子嗅闻气味，如花香、食物香气、草木气息等。

味觉：用嘴巴品尝食物的味道，如酸、甜、苦、辣、咸等。

触觉：通过皮肤接触感受不同的质地、温度、软硬、冷热等。

---

1 详见《吾乡吾土的探索与实践》（孔学堂书局 2025 年版）第四章内容。

3. 跨学科融合

“山中万物”主题的课程融合科学、自然、美术与综合实践等学科内容，旨在培育学生的跨学科素养。学生将通过参加自然观察、实验探究和艺术创作等活动，了解生态学、植物学、动物学、自然科学等学科知识，同时提升审美、创新意识。

4. 养成规则意识

培养学生的规则意识是乡土课的重点之一。学生在小组合作、户外探索、艺术创作等环节均需学习、遵守相应的规则，从而学会尊重他人、分工合作，增强团队精神，提升自律能力和责任感。

（二）课程固定版块

1. 明确活动规则与示范演示

在开展每项活动前，教师应确保每位学生都清楚了解活动规则，必要时教师要进行规则的示范。

2. 课堂的固定内容

课堂固定内容为回顾《乡土开课辞》、回顾课堂规则、回顾户外课堂约定、上节课回顾、本节课总结。

回顾《乡土开课辞》[1]：教师可以和学生一起为《乡土开课辞》编动作[2]，激发学生的学习兴趣。

回顾课堂规则：教师重申课堂规则，确保学生对课堂约定有清晰的认识，并能遵守。

回顾户外课堂约定：外出活动前，均需重申户外课堂的规则要求，以确保学生恪守约定，户外课能顺利开展。

上节课回顾：教师通过提问或游戏的方式，回顾上节课内容，为本次课开展作铺垫。

本节课总结：每个课堂结束前，教师应总结当天的学习内容和学生表现，帮助学生巩固记忆。然后，通过引导学生填写“探索手册”中的本课“今日收获”。

3. 总结课版块

每个单元的最后一次课一般包括两个重要活动：绘制“气泡图”、填写“我的成长档案”。

气泡图：简单版的思维导图，便于低年级同学理解和学习。通过绘制“气泡图”，教师引导学生回顾并总结每个单元或每个学期所学内容。在本学年，学生需能绘制至少包含三级主题的“气泡图”。

我的成长档案：每个单元结束时，学生填写“我的成长档案”对自己的学习表现进行自评，并对小组其他成员进行评价，以反思自己和小组伙伴的成长变化。

1 《乡土开课辞》的内容阐释，请参考《吾乡吾土的探索与实践》（孔学堂书局 2025 年版）第四章中关于“乡土观”的介绍。

2 《乡土开课辞》的动作编排可参考田字格公益官网“学习园地—课程资源”中的“乡土示范课”。

（三）评价与反馈

课程采用多元的评价方式，旨在帮助教师全面了解学生学习进展，引导学生自我反思和持续成长。

1. 从评价内容的角度，教师可对学生进行鼓励性评价。

（1）小组合作情况：教师可评价学生在小组合作中的表现，如学生是否能做到轮流发言、认真倾听、积极参与小组活动；也可评价小组整体合作情况，如是否做到分工明确、互帮互助、有序组织等。

（2）学生分享情况：教师可对学生的作品或观点给予积极的反馈，如“这幅作品很有想象力”“这个观点很独特”等。

（3）学生参与活动情况：教师可以评价学生参与活动的积极和投入程度，是否遵守规则，以及在分享时的礼仪、音量和表达等方面的表现情况。

（4）学生进步情况：评价学生在学习中取得的各方面的进步。

（5）学生遵守课堂规则情况：评价学生是否遵守规则，保持良好的秩序的情况。

（6）学生掌握知识情况：评价学生对知识的掌握情况。

（7）学生填写“探索手册”的质量：可从书写工整程度、作品创意等方面进行评价。

（8）其他：可从学生是否做到勤于思考、专注、用心、有责任心等方面进行评价。

2. 从评价时间的角度，教师可以在三个环节对学生评价。

（1）当堂评价：教师在教学过程中，要及时给予学生正面的反馈和建设性的建议，激励学生不断探索和进步。

（2）单元评价：每个单元结束时，教师和学生均需填写“探索手册”中“我的成长档案”，其包括学生自评、小组互评、教师评价三个部分。学生填写时要反思学习的表现和进步，小组同伴需互相看到合作中的亮点和不足。教师根据学生的课堂表现，提供个性化的反馈和建议。

（3）学期评价：本手册中提供了“学生学期评价量表”，教师可将该表复印并张贴在教室中，供学生熟悉评估维度。每个学期末，教师可根据该表综合评价学生整个学期的表现。

（四）教师活动

本手册的课堂教案中有清晰、规范的教师活动的建议，教师可直接使用本手册中内容，也可根据实际情况调整。教师在课堂中的活动必须遵循三个原则：尊重学生；活泼有趣，特别是对于低年级的学生；以鼓励性的语言为主，同时确保表达准确、清晰。

表：教师活动规范说明

教师活动	活动类型	活动说明
教师引入	语言	教师可参考“引导手册”提供的完整性语言，为学生作活动引入
教师介绍	语言	教师可参考电子课件提供的内容，在备课时准备好如何具体表达此部分内容
教师出示	动作	出示内容一般为谜语、图片、范例等。教师可参考“引导手册”提供的关键词，在课前完成下载、制作，并放入电子课件
教师播放	动作	播放内容一般为视频。教师可参考“引导手册”提供的关键词，在课前完成视频准备（下载、课前在班班通上打开）
教师示范表达	语言	教师可参考“引导手册”的示范表达语言，为学生做示范
教师示范动作	动作	教师可参考“引导手册”的动作提示，为学生作动做示范
教师组织	动作	教师在组织学生开展活动时（外出、分享、展示、实践、创作、游戏等），应注意以下几个方面： 1. 教师在组织活动时，需和学生明确活动规则，如果有个别学生违反规则，教师需及时提醒该生。如果较多学生违反规则，教师应该暂停活动，重新和学生强调规则，待学生能遵守规则时，再开始活动 2. 教师的音量，应符合活动的要求。比如在创作时，要求学生音量为“1”，教师在巡场指导时，音量也要为“1” 3. 在活动结束后，教师应对活动中小组或者学生表现好的方面给予肯定或鼓励性评价，以引导、培养学生的好习惯
思考与互动	语言	教师通过提问引导学生思考，与学生互动。具体问题可以直接参考本手册。同时，教师需注意以下三点： 1. 提出的问题可以不限于本手册中的问题 2. 教师应鼓励学生认真思考后再对问题进行回应 3. 对于开放性问题，教师可以和学生强调：答案没有对错之分，只要言之成理即可
教师总结 / 小结	语言	教师可参考“引导手册”的语言提示，带领学生做总结

— 山中万物（下）—

山中万物｜上

开学第一课
（2 课时）

一、教学目标

1. 在教师引导下，学生了解本学期乡土课的主题为“山中万物”，复习《乡土开课辞》、音量规则、分享规则，并学习新学期课堂规则。

2. 在教师引导下，通过游戏，学生组建新的学习小组。

3. 在教师引导下，通过“轮流发言”“举手表决”的方式，各小组讨论确定组长。

二、教学重难点

学生能在教师引导下形成“组间同质，组内异质”[1]的小组。

三、教学建议

1. 教师可根据班级实际人数，确定班级小组数量（每组 4 ~ 6 人为宜），并提前准备分组卡片。

2. 教师可根据本班实际学情，选择合适的分组方法。

3. 教师可以根据学生能力情况，先确定理想的分组名单备用。

4. 在本次课后，教师可以根据学生能力，与学生沟通调整分组情况。

四、教学准备

1. 分组卡片：卡片上可以分别写上“乡”“土”“课”“山”“中”“万”“物”等字。在活动的分组环节，拿到相同字卡片的同学，即为一个小组。

---

1 每个小组的整体水平相当，同一个小组内的成员有差异。

2. 教室布置：教师可组织学生以小组形式摆放桌椅[1]。

3. 动作设计：教师提前编排简单的《乡土开课辞》动作[2]。

4. 新的课堂规则：教师希望学生在乡土课遵守的规则，在课堂上提出来供学生学习。

五、教学内容

本节课共7个环节，分别是“走进乡土课”“找到新朋友”“投票选组长”“投票定组名”“小组初亮相”“课堂新规则”“本节课总结”，课程时长80分钟（2课时）。

环节一：走进乡土课（10分钟）

（一）目标

通过本环节，学生复习《乡土开课辞》以及音量规则。

（二）步骤

1. 教师引入：欢迎同学们来到新学期的乡土课！从今天开始，我们将一起再次踏上新的乡土之旅，一起认识家乡的自然事物，同学们是不是很期待呢？让我们先复习一下《乡土开课辞》吧！

树高千丈，叶落归根；惟以家乡，吾生有祥；
里仁为美，祖德流芳；土育万物，乡承文化；
血脉相连，挚爱莫忘；感恩乡土，厚福有望。

【提示】

①每次课程之前，全员需齐诵《乡土开课辞》。

②在诵读过程中，教师可简单阐释《乡土开课辞》大意，适当加入配合节奏和内容的动作。

③如果学生在一年级时，编排了《乡土开课辞》动作，教师可以在本节课带学生重新编排动作。

2. 思考与互动：我们的音量规则是什么？

3. 教师介绍音量规则。

（1）“0”：无声（倾听和自主创作时）。

（2）“1”：小声，即耳语（两人小声交流时）。

（3）“2”：轻声细语，组内能听到（小组合作时）。

（4）“3”：大声洪亮，全班能听清楚（分享时）。

【提示】教师可以通过游戏的方式帮助学生回顾音量规则，例如“音量接力”游戏：将学生分成若干小组，每个小组成员需依次用不同的音量重复同一句话。或指定某种顺序做接力。游戏

1 参见《吾乡吾土指导纲要》（孔学堂书局2025年版）第五章内容。

2 《乡土开课辞》的动作编排可参考田字格公益官网“学习园地—课程资源”中的“乡土示范课”。

开始时，第一个成员用“0”音量说，下一个成员则用稍大的“1”音量，以此类推，直到小组中的每个成员都按顺序使用了不同的音量说完这句话。也可以请同学抽音量卡并按卡上音量数说话，让其他同学猜猜他说话的音量。

环节二：找到新朋友（15分钟）

（一）目标

通过“找朋友”游戏，学生组成新的学习小组，为新学期开展小组活动做好准备。

（二）步骤

1. 教师介绍任务及规则：找朋友。

（1）每人抽取一张小卡片。

（2）走动起来，同学之间互相看看拿到的卡片上写了什么。

（3）持有相同字的同学走到一起，手拉手。

（4）音量为“1”，时长10分钟。

2. 教师组织学生领取卡片。

3. 教师组织学生开展“找朋友”游戏，组成新学期的学习小组。

4. 教师组织各小组代表拿出本组一张卡片放一起，组成句子。

5. 教师总结：本学期我们的乡土课主题是“山中万物”。什么是“山中万物”呢？“万”代表很多的意思。山中的花草树木、动物、日月星辰、风雨雷电、石头田土等等一切事物，共同组成了“山中万物”。

【提示】

①小组成立后，教师可以指定小组坐的位置。如果有些同学想要拿原来座位上的笔和本子，教师可以集中给大家2分钟的时间，提示大家以“1”的音量拿东西。

②学生安静坐好后，教师对活动中学生的行为表现进行点评和鼓励，如是否遵守音量规则、积极互助等方面。

环节三：投票选组长（15分钟）

（一）目标

学生通过“轮流发言”“举手表决”，选出组长。

（二）步骤

1. 教师引入：你觉得组长需要做什么呢？组长是老师的小助手，主要任务是：协助老师展开活动、维持小组纪律、帮助小组更好地完成任务，所以我们每个小组要选出一位组长。

2. 教师介绍任务及规则：选组长。

（1）音量为“2”，时长 8 分钟。

（2）经举手表决，小组大多数人同意的同学，为本组的组长。

（3）遵守合作学习约定：“轮流发言”“举手表决”。

轮流发言	
该怎么做？	该怎么说？
一次只有一个人发言	我建议组长为……
举手表决	
该怎么做？	该怎么说？
①同意举手 ②不同意则不举手	①我同意，我举手 ②我不同意，我不举手

3. 教师组织示范：教师选择一个小组，带领该组组员，向全班同学示范“轮流发言”“举手表决”。

4. 教师组织小组完成选组长的任务。

5. 教师组织各组汇报组长姓名，并记录在黑板上。

环节四：投票定组名（15分钟）

（一）目标

学生通过“轮流发言”“举手表决”，确定组名。

（二）步骤

1. 教师介绍任务及规则：投票定组名。

（1）音量为“2”，时长 8 分钟。

（2）遵守合作学习约定：“轮流发言”“举手表决”。

轮流发言	
该怎么做？	该怎么说？
一次只有一个人发言	组员：我建议组名为…… 组长：轮到你说了
举手表决	
该怎么做？	该怎么说？
①同意举手 ②不同意则不举手	①我同意，我举手 ②我不同意，我不举手

2. 教师组织示范：教师选择一个小组，带领该组组长和组员，向全班同学示范“轮流发言”“举手表决”。

【提示】

①组长组织，从一位同学开始，组员轮流发表各自想法。比如可以说“我建议组名为苹果组”；

如果没有想法，也可以说“过”。

②所有人都说完自己建议的组名后，大家对其进行举手表决，获得小组票数最高的为本组的组名。

3. 教师组织各小组完成定组名的任务。

【提示】教师可以依次指导每个小组完成该项任务。如果学生能较好掌握并遵守学习约定，则可同时指导几个小组完成该任务。

环节五：小组初亮相（15分钟）

（一）目标

通过小组亮相，学生初步熟悉分享礼仪和倾听规则。

（二）步骤

1. 教师引入：我们新学期的学习小组成立了，下面就请各小组来上台亮相吧！那上台分享的礼仪规则都有什么呢？谁来说一说。

2. 教师介绍任务及规则：全组亮相。

分享规则：

（1）从讲台一边上台，另一边下台。等所有人站定，小组一起鞠躬后说“大家好，我们是……组”。

（2）组长介绍自己“我是组长……，我的爱好是……”，后由组员依次介绍自己“我是组员……，我的爱好是……”。所有组员介绍完毕后，小组成员一起鞠躬，齐声说“谢谢大家”。

（3）音量为“3”。

倾听规则：

（1）音量为“0”，认真倾听，记住台上分享者分享的内容。

（2）每组分享完毕后，倾听者要及时把掌声送给分享者。

3. 教师组织小组依次上台亮相。

【提示】

①分享环节，教师需引导台下学生注意倾听。

②各小组分享完毕，教师要及时找到每个小组的优点，给予肯定和鼓励。比如：声音洪亮、吐字清晰、遵守礼仪和规则等。

③若班级人数、小组数较多，视实际时间，教师可选取部分小组进行分享。

4. 教师总结：恭喜各小组成立，希望各位组长能带领组员在乡土课堂中有更好的表现。

环节六：课堂新规则（5分钟）

（一）目标

学生掌握本学期乡土课的课堂规则。

（二）步骤

1. 教师引入：为了保证乡土课的顺利开展，同学们需要遵守课堂规则。大家看看，这些是不是我们要遵守的呢？

2. 教师介绍本学期新的课堂规则。

【提示】

①教师可根据班级情况准备课堂规则条款，在课上做详细说明和充分示范。如教学准备要求、举手发言动作要求、课堂坐姿要求等。

②教师可以鼓励同学们发表补充意见，经全班投票后，再确定新的课堂规则。

3. 教师组织学生学习新的课堂规则。

环节七：本节课总结（5分钟）

1. 教师总结今日所学。

【提示】总结一般包含今天学习的内容、完成的任务和同学们的表现情况。

2. 教师组织学生填写“探索手册”中对应课程的“今日收获”。

【提示】教师在学生填写前，可作如下提示。

①一笔一画，认真工整地写每一个字。

②爱惜手册，保存好手册，不乱涂乱画。

③不会写的字可以用拼音代替。

六、参考板书

今日主题：开学第一课　　日　期：　年　月　日

乡土开课辞　音量规则　“找朋友”

学期主题：山中万物

选组长　定组名　小组初亮相

课堂新规则

第 一 单 元
走进山中万物

一、单元设计思路

“走进山中万物”属于“山中万物”主题上学期的第一个单元。大山之中有哪些事物？什么是山中万物？……在户外观察中，教师引导学生用身心感受自然万物，积累对山中万物的感性认识，形成对山中万物概念的初步认识。在观察时，教师引导学生思考：天地间的日月星辰、风雨雷电、动植物和人都是从哪里来的？什么时候出现的？……从而引出《盘古开天辟地》和《女娲抟土造人》两个神话故事。

二、跨学科设计

本单元课程涉及语文、美术、科学、综合实践四门学科。

三、单元目标

（一）乐学善学

学生能积极参与课堂互动、小组讨论、艺术创作等活动。

（二）实践创新

学生能发挥创意和想象力，捏出形象且有创意的泥人。

（三）自信分享

1. 学生能按照分享规则，分享观察、感受、创作成果、小组结论等内容。
2. 学生能声音洪亮、有礼貌地上台分享自己的作品等。

四、单元课程目录

第 1 课　走进山中万物（2 课时）

第 2 课　万物起源的神话（2 课时）

五、相关概念

万物：宇宙间的一切事物。山中的花草树木和动物、日月星辰、风雨雷电、石头田土等等一切事物，组成了“山中万物”。

盘古：神话中的开天辟地的人物。

女娲：神话中炼石补天的神，也是抟（tuán）土造人的女神。

抟土：把土捏聚成团。

第 1 课 走进山中万物（2 课时）

一、教学目标

1. 通过教师引导和示范，学生能遵守户外课堂约定，有序完成户外观察的任务。

2. 通过户外探索活动，学生能够通过感官感受与自由探索，发现山中万物。

二、教学重难点

1. 教学重点：学生能调动感官，发现和探索山中万物。

2. 教学难点：学生能有序参与户外活动。

三、教学建议

1. 初次组织户外课堂的教师，务必花一些时间带学生学习户外课堂约定，并制订违反约定的处理方法，且先带领学生在校内进行训练，使学生熟悉在户外的指令以及规则。

2. 户外活动中，教师可申请 1 名助教老师同行，协助维持纪律。

3. 户外活动中，教师需及时指出违反户外课堂约定的行为，肯定并表扬遵守约定的行为，逐渐培养学生良好的户外活动规则意识和习惯。

四、教学准备

1. 物料：防蚊虫用品（比如花露水），1 瓶；彩笔，每组 1 ～ 2 盒。

2. 活动场地：教师在学校附近的山林田野中提前踩点，选择适合开展户外教学活动的区域（视野开阔、无安全隐患、可以坐下或围坐、阴凉）。预估出学生往返时间，合理规划教学时长。如果走出学校的条件不成熟，可选择在校内适合区域进行户外教学活动。如果不具备户外教学条件，教师可从多角度拍摄山中各种事物，将图片呈现给学生。

3. 关注天气：如果天气炎热，教师可选择把本课调到上午开展。

五、教学内容

本次课共 5 个环节，分别是“上节课回顾”“复习户外课堂约定”“发现山中万物”“自由观察万物”“本节课总结”，课程时长 80 分钟（2 课时）。

环节一：上节课回顾（5分钟）

1. 齐诵《乡土开课辞》。

2. 教师组织学生回顾课堂规则。

3. 教师组织学生回顾上节课主要内容。

环节二：复习户外课堂约定（20分钟）

（一）目标

学生熟悉户外课堂约定，树立户外课堂活动的规则意识。

（二）步骤

1. 教师引入：本学期主题为“山中万物”，本次课是该主题第一个单元“走进山中万物”的第一次课。这节课，我们将走出学校，走进山中，认识山中的各种事物。

2. 思考与互动：在户外开展活动，要遵守哪些规则才能保证良好的秩序？

3. 学生自由发言，教师进行归纳总结。

4. 教师介绍户外课堂约定及违反约定的处罚办法。

户外课堂约定：不远跑，爱花草；有问题，找老师；排好队，看脚下；点人数，及时报；低声走，听指挥。

处罚办法：若个别同学违反约定，先提醒；每提醒 1 次，该同学暂停活动 3 ~ 5 分钟；若一位同学被暂停超过 3 次，则取消其下次外出机会；若班级整体秩序差，则暂停本次户外课或取消下次户外课。

5. 教师介绍《山中万物（上）》（探索手册）使用方法。

6. 教师介绍活动区域，组织小组排队去往户外。

【提示】教师组织学生轻声收好凳子，带好“探索手册”、笔、橡皮，分小组到走廊排队；各组长整队，全体安静后，各小组依次跟随老师，有序前往户外活动地点。

环节三：发现山中万物（15分钟）

（一）目标

学生充分调动感官，发现周边自然事物。

（二）步骤

1. 教师组织学生围在自己周围，并保持“0”的音量。

2. 教师组织学生观察山中事物，按照以下步骤，依次进行。

（1）看：观察周围、远处和天上分别有什么，只要看到一种事物就伸出一只手指。

（2）听：闭上眼睛，双手握拳举向空中，只要听到一种声音就伸出一只手指。

（3）闻：闭上眼睛，双手握拳举向空中，只要闻到一种味道就伸出一只手指。

【提示】开展以上活动时，学生可以站着，也可以坐下、躺着。

3. 教师组织学生分享看到的事物、听到的声音和闻到的味道。

4. 教师总结：我们看到了树、蓝天、白云等；听到了小鸟的歌声、树叶的声音等；闻到了青草的味道、花朵的芬芳等；山中有这么多事物呢！请同学们把看到的、听到的、闻到的事物都记在“探索手册”上吧！

【提示】教师总结学生分享的事物，并请学生把看到的、听到的、闻到的事物都记在“探索手册”上。

环节四：自由观察万物（35分钟）

（一）目标

通过自由探索，学生发现山中有趣的事物或现象。

（二）步骤

1. 教师引入：请同学们继续让你的小眼睛、小手、小耳朵动起来，自由探索，看看能发现哪些有趣的事物。

2. 教师介绍任务及规则：自由观察万物。

（1）在指定的范围内自由探索。

（2）音量为“2”，时长20分钟。

（3）遵守户外课堂约定。

3. 教师组织学生安全地自由探索。

【提示】为更好培养学生遵守规则的意识和习惯，若个别学生违反户外课堂约定，如到处乱跑或大声喊叫，可立即让其暂停活动，到自己身边安静3分钟。若多数人违约，则活动停止。

4. 教师组织学生集合并分享发现。

【提示】

①教师可作分享示范，如“我发现一朵花上有两种颜色”“我发现这片叶子像五角星”“我发现这片叶子很软”“我发现蜘蛛网上有一只蚊子”等等。

②学生分享任何发现皆可。学生分享后，可请其他同学一起关注学生分享的现象或事物。

5. 教师总结：我们发现了这么多东西，有花草树木、小昆虫、石头、土，还有我们带不回来的声音、味道、太阳、白云、雨雾等，大山中丰富的事物，组成了“山中万物”。

6. 教师组织学生朗读“探索手册”上的《万物歌》。

风起云涌天地宽，日月星辰照世间；山川秀丽水潺潺，禾苗茁壮瓜果鲜。

蜜蜂勤劳采花蜜，蜻蜓点水舞轻盈；蚂蚁排队忙不停，蝴蝶翩翩花间行。

金土水火相交融，草木葱茏竹林密；良田肥沃谷满仓，菜蔬豆果满桌香。

7. 教师组织学生有序返回教室。

环节五：本节课总结（5分钟）

1. 教师总结今日所学。

2. 教师组织学生填写“探索手册”中对应课程的“今日收获”。

六、参考板书

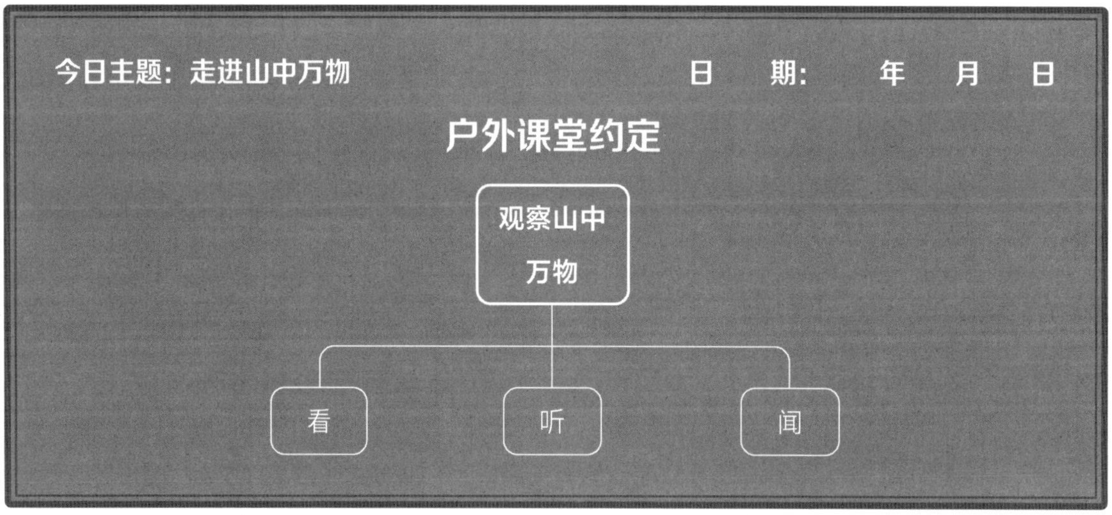

第2课 万物起源的神话（2课时）

一、教学目标

1. 通过《盘古开天辟地》《女娲抟土造人》的故事，学生了解中国神话故事中的万物起源。

2. 通过教师示范和讲解，学生掌握搓、压、刻、连接等捏制泥人的方法和步骤。

3. 在教师引导下，学生能用“3”的音量自信地介绍自己的作品。

二、教学重难点

1. 教学重点：学生了解并能说出中国神话故事中万物的来源。

2. 教学难点：学生能掌握捏制泥人的方法和步骤，捏出较为形象的泥人。

三、教学建议

教师可自己提前尝试捏一个泥人，以便在课堂上向同学示范捏泥人的方法，也可以找一些捏泥人的作品图片给学生参考。

四、教学准备

1. 神话故事：准备《盘古开天辟地》《女娲抟土造人》的视频或绘本，放入课件中，或打印出来分发给学生。

2. 物料：软硬适中易成型的泥巴；盆（和泥用，每组1个）；较细的小木棒或牙签；小草或小树叶；纸盒若干，用来放学生做的泥人作品[1]。把准备好的上述物料，在上课前按小组数分成均等份。

---

1 可提前请各小组同学自行准备好可以用的泥巴，如果没有泥巴，可选择彩泥代替。

五、教学内容

本次课共 4 个环节，分别是“上节课回顾”“神话中的万物起源”“我学女娲捏泥人”“本节课总结”，课程时长 80 分钟（2 课时）。

环节一：上节课回顾（5分钟）

1. 齐诵《乡土开课辞》。

2. 教师组织学生回顾课堂规则。

3. 教师组织学生回顾上节课主要内容。

环节二：神话中的万物起源（35分钟）

（一）目标

通过共读中国经典神话故事，学生初步了解先民对万物、对人类起源的解读。

（二）步骤

1. 教师引入：天地之间有太阳、月亮，有花草树木，有各种动物，你知道它们都是从哪里来的吗？

【提示】学生思考上述问题并举手发表自己的想法。

2. 教师播放视频或讲故事：《盘古开天辟地》，引导学生思考以下问题。

（1）故事发生在什么时候？

（2）故事中的主角是谁？

（3）故事中，天和地是怎么来的？盘古做了什么？

【参考】盘古使用斧子劈开混沌，轻的成为了天，重的成为了地；盘古手顶天脚立地，避免了天地重回混沌。

（4）盘古身体的每个部分都变成了什么？

【参考】

盘古死后，他呼出的气化成了风和云，左眼化成了太阳，右眼化成了月亮，手足和身躯化成了大地的四极和五方的名山，血液化成了江河，筋脉化成了道路，肌肉化成了田土，头发化成了天上的星星，汗毛化成了花草树木，牙齿、骨头和骨髓化成了闪光的金属、坚硬的石头与温润的宝玉，身上出的汗化成了清露和甘霖……

盘古死后，他的身体化成了世间万物。

（5）人作为万物的一份子，又是怎么产生的呢？

【提示】无论是播放视频还是讲故事，教师都要以问题引导的方式开展，让同学们边看视频（听故事）边思考。

3. 教师播放视频或讲故事：《女娲抟土造人》，引导学生思考以下问题。

（1）女娲是谁？

（2）女娲为什么会觉得无聊？

（3）你有什么办法能让女娲开心？女娲想到了什么办法？

（4）女娲怎样用土造人？她一开始怎么做，后来又怎么做，为什么？

（5）女娲在用土造人的过程中有什么感受？

环节三：我学女娲捏泥人（35分钟）

（一）目标

通过教师示范、讲解，学生掌握搓、压、刻、连接等捏制泥人的方法和步骤，能够捏出形象生动的立体泥人。

（二）步骤

1. 教师引入：女娲是如何造人的，我们也来学学女娲捏泥人吧！

【教师引导参考】

①人的身体由哪些部分组成？我们要怎样才能捏一个完整的人？

②人的身体都有头、躯干、四肢，头上有眼睛、鼻子、耳朵、嘴巴、眉毛、头发……如果想捏一个完整的人，首先要捏出人身体的各个部位。

2. 教师介绍任务及规则：捏泥人。

（1）可按自己的喜好捏泥人，泥人可以是大人，也可以是孩子，身形可胖可瘦、可高可矮，头发可长也可短。

（2）音量为“2”，时长 30 分钟。

（3）遵守合作学习约定：“多方求助”“积极助人”。

多方求助	
该怎么做？	该怎么说？
①提出需要帮助的请求 ②按求助顺序求助：工具书→组员→组长→其他小组→老师	①可以帮帮我吗？ ②我需要帮助
积极助人	
该怎么做？	该怎么说？
①帮助别人 ②相互交流	①你需要帮忙吗？ ②我来帮你吧！

3. 教师组织示范：教师邀请两个同学上台，一个代表组员，一个代表组长，示范“多方求助”“积极助人”。

多方求助：先自查工具书，再请教组员“某某，你可以帮帮我吗？这个……”，组员不会，再找组长“组长，我需要帮助，这个……”。如还没解决，再以同样方式，寻求其他小组帮助。直至找老师。求助时需注意语言的表达。

4. 教师示范：捏泥人。

（1）把软泥团成 1 个圆球，捏出头部。

（2）把软泥搓捏成 1 个方块和 4 根长条，捏出躯干和四肢。

（3）把身体各部位用小木棍或牙签连接到一起。

（4）眼睛、嘴巴、鼻子、耳朵，可以用牙签或者小木棍刻，也可以用小泥团，或者用小草、小树叶剪成相应的形状粘在泥人头部。

5. 教师组织各组组长领取材料。

6. 教师组织各小组捏泥人。

【提示】教师鼓励学生充分发挥想象和创意，不拘泥于教师示范的泥人形状和步骤；学生捏制泥人时，教师巡视观察各组活动情况，及时给予指导。

7. 教师介绍任务及规则：展示分享我捏的泥人。

（1）每组选 1 ~ 2 位同学介绍自己捏的泥人。

（2）介绍时，需描述泥人的外貌特征，并分享自己捏泥人时的感受。

（3）遵守分享礼仪，音量为“3”。

8. 教师组织学生自我评价或小组互评。

9. 教师组织各组将作品收集到纸盒里或展示区，并把桌面清理干净。

环节四：本节课总结（5分钟）

1. 教师总结今日所学。

2. 教师组织学生填写“探索手册”中对应课程的“今日收获”。

六、参考板书

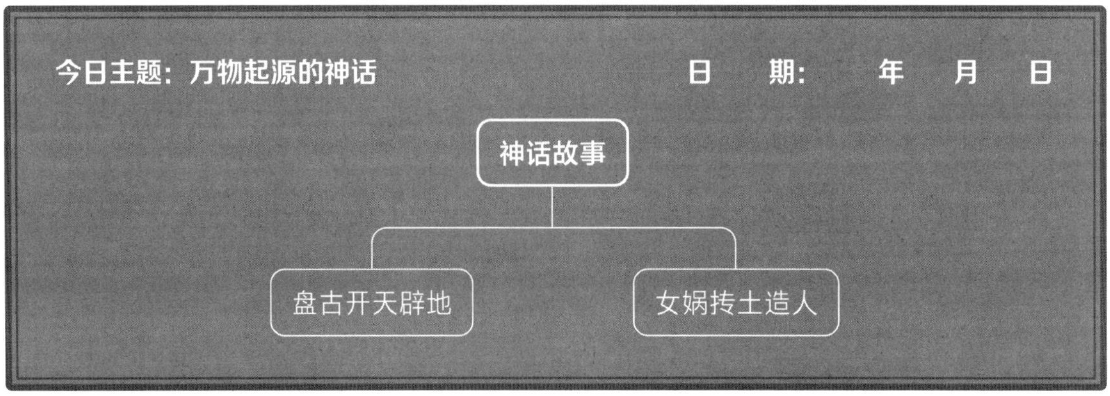

七、参考资料

女娲抟土造人

有一个美丽、善良的神女，名叫女娲。她法力强大，可以凭空变出许多东西，但是她还是不开心，她自言自语：“真无聊，这世界上究竟少了什么东西，竟让我觉得日子如此无趣呢？”

女娲来到池边想喝水，清澈的池水映出了她美丽的脸。女娲眨眨眼，水面上的脸也眨眨眼；她笑起来，水面上的脸也笑起来。忽然，她灵机一动说：“对了，世界上缺少的就是这个，我应该造出很多很多这样的东西，世界就能变得更可爱、更热闹。”

女娲立刻开始动手做。她在泥土中加了一点水，又捏又揉，慢慢地出现了一个有眼睛、鼻子、嘴巴和耳朵的头。女娲高兴极了，工作得更起劲，她替它加上了双手、身体。正准备为它装一条尾巴时，女娲犹豫了一下，心里想：“光靠一条尾巴走路实在不太方便，还是替这小东西装两只脚，又可以跑，又可以跳，多好。”

女娲终于把小东西做好了。她向它轻轻吹一口气，说来也奇怪，那泥做的小东西竟活起来了。小东西在地上挥舞手脚，又跳又笑，并且用模糊的声音向女娲叫道：“妈妈！”女娲很高兴，心里想：就把这可爱的小东西叫做“人”吧。

于是女娲低下头，轻声对小东西说：“你的名字是‘人’。”

“我的名字是——人！”小东西大声叫自己的名字，蹦蹦跳跳地跑到开满花朵的原野上去了。

“啊，人是多么可爱的一种生物啊！”女娲说，“光做一个是不够的，我得赶紧做出更多更多，让这世界到处都是人。”女娲做了十个、一百个、一千个……他们都快乐地跑开了。

女娲累得腰酸背痛，可是人的数量还是不够多，怎么办呢？最后她想出了一个绝妙的好主意——先从树林里找来一根藤条，然后把它放入泥潭里，浸上泥浆，再拿出来向地面挥动。女娲喊道：“变啊！”于是泥点溅落的地方就出现了许许多多蹦着、跳着的小人儿。这些小人儿和先前用黄泥捏成的小人儿一模一样。用这种方法来造人果然省事，不久，大地上就出现了许许多多的人。女娲看着人们热闹生活的情景，开心极了。

第二单元
遇见植物王国

一、单元设计思路

“遇见植物王国”是“山中万物”主题上学期的第二个单元。山中有哪些常见的植物？它们都有哪些外形特征？又有哪些生存智慧？在教师讲解引导与观察、讨论中，学生将认识山里常见的植物名称，观察其外部特征，了解植物的生存策略与智慧，感受植物世界的神奇。

二、单元跨学科设计

本单元课程涉及科学、美术、综合实践三门学科。

三、单元目标

（一）勇于探究

1. 在观察探索活动中，学生能提出感兴趣的问题。
2. 通过观察，学生能简单描述植物和叶子的特征。

（二）审美情趣

学生能利用不同的工具画出包含植物外形特征和叶子特点的简笔画。

（三）自信分享

学生能围绕既定主题分享，用清晰的语言表达自己的观点、观察和感受。

（四）乡土认同

通过认识和学习身边常见的植物，学生初步认识家乡的自然事物和环境。

（五）沟通合作

学生在小组讨论中能使用“轮流发言”“专注倾听”“分工明确”“达成共识”的合作学习约定，完成小组任务。

（六）乐学善学

1. 学生能积极参与课堂互动、小组讨论、艺术创作等不同类型的活动。

2. 学生能绘制至少包含三级主题的单元“气泡图”，利用“气泡图”梳理单元所学。

3. 学生能运用“我的单元成长档案”进行自我评价和小组互评，培养自我和小组反思意识。

四、单元课程目录

第 3 课　认识植物朋友们（2 课时）

第 4 课　多姿多彩植物叶（2 课时）

第 5 课　植物生存有智慧（2 课时）

五、相关概念

植物：生物的一大类，这一类生物的细胞多具细胞壁。一般有叶绿素，多以无机物为养料，没有神经，没有感觉。

第3课 认识植物朋友们（2课时）

一、教学目标

1. 通过自主学习、教师讲解，学生能说出山中常见植物的名称。

2. 通过运用五感观察法，学生能观察并说出某一种植物的主要外形特征。

3. 结合观察和所学，学生能用简笔画画出观察到的植物，并突出它某一方面的外形特征。

二、教学重难点

1. 教学重点：学生能观察植物，并描述其外形特征。

2. 教学难点：在画植物简笔画时，学生能形象地画出植物的主要结构和形态。

三、教学建议

1. 教师在绘画环节可引导学生观察植物的细节部位。

2. 教师准备树或草为主题的简笔画视频或示范画，供学生绘画时参考。

3. 教师可邀请学校里有美术专长的老师，向同学讲解如何观察、作画。

四、教学准备

1. 工具：彩笔，每组 1 ~ 2 盒。

2. 视频：以“植物简笔画”为主题的视频[1]。

3. 观察植物准备事项。

---

1 网络搜索关键词“植物　简笔画”即可获得。

（1）提前寻找校内或校外有树、有草且较为安全开阔的地方。

（2）教师需事先考察观察点的植物，了解它们的名称以及基本特征，以便活动时向学生介绍[1]。

（3）如果可以，在活动区域找一株正在开花或结果的植物让学生观察。

（4）若因天气等客观原因无法开展户外教学，教师提前准备好当地常见植物的图片放进课件。也可以参考“探索手册”中的图片进行学习。

五、教学内容

本次课共5个环节，分别是“上节课回顾”“寻找植物朋友”“观察植物朋友”“画画植物朋友”“本节课总结”，课程时长80分钟（2课时）。

环节一：上节课回顾（5分钟）

1. 齐诵《乡土开课辞》。
2. 教师组织学生回顾课堂规则、户外课堂约定。
3. 教师组织学生回顾上节课主要内容。

环节二：寻找植物朋友（30分钟）

（一）目标

学生认识山中常见植物。

（二）步骤

1. 教师引入：我们周围最多的就是植物，它们是大自然的重要组成部分，植物和我们的生活密不可分，就像朋友一样陪伴着我们。今天，我们将走进植物的世界，一起去认识并了解它们。

2. 教师介绍任务及规则：寻找植物朋友。

（1）以小组为单位，外出寻找植物。

（2）对照“探索手册”本课中的植物图片，如果找到了，打勾；没找到，可以询问老师。

（3）爱护植物，只用眼睛观察，不随便摘取叶和花，不食用花草。

（4）遵守户外课堂约定。

3. 教师组织学生浏览“探索手册”中相关植物内容。

4. 教师介绍户外课堂约定及违反约定的处罚办法。

户外课堂约定：不远跑，爱花草；有问题，找老师；排好队，看脚下；点人数，及时报；低声走，听指挥。

处罚办法：若个别同学违反约定，先提醒；每提醒1次，该同学暂停活动3～5分钟；

1　教师不认识的植物，可提前询问本地农人，或用相关APP（如“形色”“花伴侣”等）查询名称。

若一位同学被暂停超过3次，则取消其下次外出机会；若班级整体秩序差，则暂停本次户外课或取消下次户外课。

【提示】如果学校有“植物图鉴”类的书籍，教师可携带到户外场地，以备学生查用。

5. 教师介绍活动场地所在位置。

6. 教师组织学生携带好“探索手册”、笔、橡皮等，有序前往观察植物的场地。

7. 教师组织学生以小组为单位开展活动。

【提示】教师需要随时关注各小组同学的活动状态，对大喊大叫、到处乱跑等违反户外课堂约定的同学，及时提醒或暂停其活动。

8. 教师组织学生有序回到教室或在活动场地集合。

9. 教师组织小组代表分享本组结果。

10. 教师介绍常见植物的名称。

【提示】

①本环节，教师可以组织学生在教室内开展，也可让学生在观察场地集合后开展。

②教师根据本地实际情况，给学生讲解植物名称。

③若因故无法开展户外教学，教师可参考电子课件和“探索手册”中的植物图片开展室内教学。

环节三：观察植物朋友：树（20分钟）

（一）目标

在教师引导下，以桂花树为例，学生能用五感观察法观察树的外部特征。

（二）步骤

1. 教师引入：我们身边有这么多的植物朋友，你仔细观察过它们吗？接下来，我们选择树来观察吧！

2. 教师介绍任务及规则：观察桂花树。

（1）以小组为单位，观察桂花树。

（2）参考“探索手册”上的提示进行观察，做好记录。

3. 思考与互动：我们可以用什么方法观察树呢？

4. 教师总结：我们可以用五感观察法来观察，五感观察法就是用眼睛看、鼻子闻、耳朵听、嘴巴尝和用手摸的观察方法。我们今天不用嘴巴尝，可以先用眼睛从远处看看树冠和树干的形状；走近时再看树枝树叶的外形特点；用鼻子闻闻树的气味；然后用手摸摸树干、树叶的表面是光滑的还是粗糙的，是软的还是硬的。

5. 教师组织学生来到树旁或树下观察。

【教师引导参考】

①看一看：桂花树由几部分组成？树干是什么颜色的？树干上有什么？叶子是什么颜色的？叶子是什么形状的？树枝上的叶子是怎么长的，叶子正反面有什么不同？叶子上有什么图案……

②摸一摸：用小手摸一摸树干和树叶，你有什么感觉？

③闻一闻：把鼻子贴近桂花树干或者树叶，你能闻到什么气味？

6. 教师组织学生分享观察发现。

7. 教师小结：桂花树的树干看上去是棕色中带点灰色，摸上去很粗糙、很坚硬，表面有很多一圈圈的纹路，像树的眼睛一样（枝干被切掉时的伤口）；叶子是绿色的，是椭圆形，上面对称的纹路叫叶脉，摸上去很光滑、厚实……叶子闻上去有一点淡淡的清香。

【提示】

①教师如果带学生观察其他树可参考本环节。

②如果学生不能做到自主观察，教师可以按照看、摸、闻的顺序逐一进行引导。

③教师在总结时，需要根据观察的树的具体特点进行总结。

④教师可以组织全班学生观察一棵树或者分小组观察不同的树。

8. 教师总结：我们应该如何观察植物呢？对，可以用眼睛看、鼻子闻、手触摸，要仔细观察植物各个部分的形状、颜色、大小等特征。下课后同学们可以用同样的方法去观察一下其他植物。

观察植物朋友：草（与观察树二选一即可）（20分钟）

（一）目标

在教师引导下，以鬼针草为例，学生用五感观察法观察草的外部特征。

（二）步骤

1. 教师引入：我们身边有这么多的植物朋友，你仔细观察过它们吗？接下来，我们选择鬼针草来观察吧。

2. 介绍任务及规则：观察鬼针草。

（1）以小组为单位，观察鬼针草。

（2）参考“探索手册”上的提示进行观察，做好记录。

3. 思考与互动：我们可以用什么方法观察鬼针草呢？

4. 教师小结：我们可以用五感观察法来观察，五感观察法就是用眼睛看、鼻子闻、耳朵听、嘴巴尝和用手摸的观察方法。我们今天不用嘴巴尝，可以先用眼睛从远处观察鬼针草的外形特点，再到近处细观察鬼针草的细节（叶子的形状、特别之处，花朵的颜色，花瓣的形状、数量，种子的特别之处等），用鼻子闻闻鬼针草的气味，用手摸摸它的叶子是光滑的还是粗糙的，是厚的还是薄的。

5. 教师组织学生观察鬼针草。

【教师引导参考】

①看一看：鬼针草由几部分组成？叶子是什么颜色的？叶子是什么形状的？花是什么颜色的？花朵有什么特别的地方吗？

②摸一摸：用小手轻轻地摸一摸鬼针草的叶子或者花朵，你有什么感觉？

③闻一闻：把小鼻子贴近鬼针草，你能闻到什么气味？

6. 教师组织学生分享观察发现。

7. 教师小结：鬼针草有根，有叶子，有花朵，有果实、种子，有细细的茎。它的叶子是绿色的，叶子边缘是锯齿状的，上面有小绒毛。它的花是鹅黄色或白色，花蕊和花瓣的颜色有些不同。

【提示】

①教师如果带学生观察其他草可参考本环节。

②如果学生不能做到自主观察，教师可以按照看、摸、闻的顺序逐一进行引导。

③教师在总结时，根据观察的小草的具体特点进行总结。

④教师可以组织全班学生观察一种小草或者分小组观察不同的小草。

8. 教师总结：我们应该如何观察植物呢？对，可以用眼睛看、鼻子闻、手触摸。除了要看它各组成部分的形状、颜色还有大小之外，也要仔细观察其他的特征。下课后，同学们也可以用同样的方法观察其他植物，看看谁能发现更多植物的特点。

环节四：画画植物朋友（20分钟）

（一）目标

结合观察和所学内容，学生能画出自己观察的植物，并表现植物的某一方面的外形特征。

（二）步骤

1. 教师引入：这次课，我们认识了好多植物朋友，也仔细观察了其中的一种植物，接下来大家试着把它们画下来吧！

2. 教师介绍任务及规则：画画植物朋友。

（1）选一种你观察的植物画下来，并涂上合适的颜色。

（2）把观察到的植物最特别的地方画出来，比如树干上的“眼睛”，花瓣的形状和它上面的两种颜色等。

（3）画中还可以适当增加自然元素，如太阳、小鸟等。

（4）音量为“1”，时长 15 分钟。

【提示】如果没有实物，教师可以请同学们观察“探索手册”中本课的植物图片。

3. 教师组织学生分享自己的画作，并进行鼓励性点评。

【提示】如果时间不够，教师可以不组织分享活动，或选择其他时间，组织学生分享。

环节五：本节课总结（5分钟）

1. 教师总结今日所学。

2. 教师组织学生填写“探索手册”中对应课程的“今日收获”。

六、参考板书

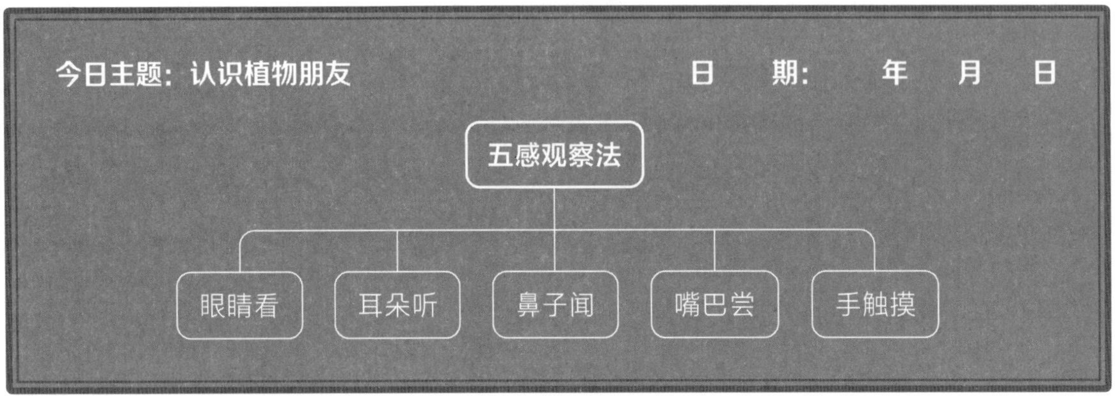

第4课 多姿多彩植物叶（2课时）

一、教学目标

1. 通过教师示范，并结合生活经验，学生能提出自己感兴趣的关于叶子的 1 ~ 2 个问题。

2. 通过五感观察法，学生能从形状、颜色、大小、味道、触感等方面观察植物叶子的细节。

3. 通过“比一比”活动和教师讲解，学生能观察并描述叶子的主要外部形态特征，初步感受植物适应环境时表现出的生存智慧。

4. 结合前期所学以及教师指导，学生能画出所观察叶子的主要外形特征。

二、教学重难点

1. 教学重点：学生能用五感观察法，从不同的角度观察叶子的细节。

2. 教学难点：学生能发现叶子的独特性，感受植物为适应环境所表现出的生存智慧。

三、教学建议

教师引导学生仔细观察植物叶子的形状和细节，说出所观察的叶子的特点；引导学生将叶子印在纸上或描绘叶子轮廓来突出其独特的细节，从而加深对叶子特征的印象。

四、教学准备

1. 树叶：若干，形状、颜色、大小、味道、质地可不同，每组最少 6 种不同的树叶。

2. 视频：以“叶子简笔画”为主题的视频[1]。

3. 图书：以“叶子”为主题的绘本、书籍，供学生参考。

---

1 网络搜索关键词“叶子 简笔画”可获得。

五、教学内容

本次课共6个环节，分别是“上节课回顾”“我会提问题”“观察叶子有发现”“叶子比一比”“画一画叶子”“本节课总结”，课程时长80分钟（2课时）。

环节一：上节课回顾（5分钟）

1. 齐诵《乡土开课辞》。

2. 教师组织学生回顾课堂规则、户外课堂约定。

3. 教师组织学生回顾上节课主要内容。

环节二：我会提问题（15分钟）

（一）目标

基于自己的生活经验和想象，学生能提出感兴趣的关于叶子的问题。

（二）步骤

1. 教师引入：上次课，我们一起认识了很多植物，也仔细观察了一些植物的主要外部特征，本次课我们将继续走进植物，探索植物叶子的秘密。

2. 思考与互动：关于植物的叶子，比如叶子的形状、颜色，你都知道什么？你想了解哪些内容？

3. 教师介绍任务及规则：组内交流。

（1）小组内轮流分享关于植物叶子的知识，以及感兴趣的关于叶子的问题。

（2）组内选择一位同学记录大家的问题。

（3）音量为“2”，时长10分钟。

（4）遵守合作学习约定：“轮流发言”“专注倾听”。

轮流发言	
该怎么做？	该怎么说？
一次只有一个人发言	①我知道叶子…… ②我想知道叶子…… ③我对……很好奇
专注倾听	
该怎么做？	该怎么说？
①看着发言的人，微笑或点头表示听懂 ②不打断别人的发言	—（保持音量为“0”）

4. 教师组织示范：教师选择一个小组，带领该组组长和组员，向全班同学示范“轮流发言”“专注倾听”。

5. 教师组织小组开展活动。

【提示】如果学生能较好掌握并遵守合作学习约定，各小组可以同时开展活动。如果需要，教师也可以指导小组依次完成任务。

6. 教师组织小组代表分享组内交流的结果。

环节三：观察叶子有发现（20分钟）

（一）目标

结合教师讲解，学生能观察和描述叶子的主要外部形态特征。

（二）步骤

1. 教师引入：我们来仔细观察叶子，进一步发现叶子的秘密并尝试解答同学们好奇的问题吧！

2. 思考与互动：如何观察叶子呢？

3. 教师小结：我们用五感观察法的“眼睛看、鼻子闻、手触摸”来观察叶子。我们可以看叶子的形状、颜色、大小，摸一摸叶子表面是否光滑，闻一闻叶子有没有味道。

4. 教师介绍任务及规则：观察叶子有发现。

（1）以小组为单位，每人选择一片叶子进行观察。

（2）音量为“2”，时长15分钟。

（3）遵守合作学习约定：“轮流发言”“专注倾听”。

轮流发言	
该怎么做？	该怎么说？
一次只有一个人发言	组员：我观察的是小蓬草的叶子，它是深绿色的，形状像一把剑。它的背面有小绒毛，摸起来比较柔软，闻起来没有味道 组长：轮到你发言了
专注倾听	
该怎么做？	该怎么说？
①看着发言的人，微笑或点头表示听懂 ②不打断别人的发言	—（保持音量为“0”）

5. 教师组织小组代表领取叶子。

6. 教师组织小组开展活动。

7. 教师总结：原来每片叶子都不一样，叶子的颜色是五颜六色的，有的是深绿色的，有的是淡黄色的，还有的是紫色、红色的；叶子有各种各样的形状，有的是圆形的，有的是三角形，有的是长条形，还有椭圆形和五角形等；叶子的叶脉也不一样，有的是网状的，有的是平行的；叶子的气味也各不相同，有的散发着淡淡的清香，有的气味比较浓烈，还有的闻起来臭臭的；叶子表面也不一样，有的光滑，有的粗糙，有的摸着厚实，有的单薄。

环节四：叶子比一比（20分钟）

（一）目标

学生能说出叶子的相同点和不同点，再次感受每片叶子的独特性。

（二）步骤

1. 教师引入：我们地球上有30多万种的植物，它们的外形各不相同，它们的叶子形态各异，但叶子们也是有很多相同点的。同学们，请仔细观察叶子，找出它们之间的相同点和不同点。

2. 教师介绍任务及规则：叶子比一比。

（1）把小组内的叶子放在一起，仔细观察，组内讨论这些叶子有哪些相同点和不同点。

（2）请小组一个成员记录大家讨论出的关键词。

（3）音量为“2”，时长8分钟。

（4）遵守合作学习约定：“达成共识”。

达成共识	
该怎么做？	该怎么说？
①组员充分发表意见 ②少数服从多数	①关于叶子的相同点，我们组的结论是…… ②关于叶子的不同点，我们组的结论是：有的叶子边缘是锯齿状的，有的是光滑的…… ③大家是否同意

3. 教师组织示范：教师选择一个小组，带领该组组长和组员，向全班同学示范“达成共识”。

4. 教师组织小组代表分享本组结论。

5. 教师总结。

（1）叶子的相同点：长在植物上，能帮助植物生长，一般由叶脉、叶柄和叶肉三部分组成等等。

（2）叶子的不同点：形状不同、大小不一、边缘不同、叶脉不同、生长位置不同……

（3）植物叶子的智慧：有些叶子上带刺，可以防止被捕食者吃；有些叶子表面覆盖了像蜡一样的蜡质层，摸起来非常光滑，这种蜡质层可以防止水分被太阳蒸发，还能保护植物免受细菌病毒的伤害；叶脉就像是植物叶子的血管，它能帮助叶子运送营养物质和水分。

原来小小的叶子也有这么多秘密呢！世界上没有两片相同的叶子，每种叶子都有它们的独特性，这是植物为了生存，为适应环境不断演化的结果，植物也是很有智慧呢！

【提示】对于有些同学的问题，本节课没有回应到，教师可课后寻找答案，下次课回应。

环节五：画一画叶子（15分钟）

（一）目标

结合前期观察和教师指导，学生能画出叶子的主要外部形态。

（二）步骤

1. 教师引入：每片叶子都有它独特的地方，让我们把叶子画下来吧！

2. 教师介绍任务及规则：画一画叶子。

（1）先画出叶子的形状。

（2）把每片叶子最特别的地方画出来，比如叶脉的形状，比如叶子边缘细密的小齿或绒毛……

（3）给叶子涂上合适的颜色；如果时间允许，可以画很多片相同或者不同的叶子。

（4）如果知道叶子属于哪种植物，请在旁边写上植物的名称。

（5）音量为“1”，时长 15 分钟。

3. 教师出示：简笔画视频。

4. 教师组织学生画叶子。

环节六：本节课总结（5分钟）

1. 教师总结今日所学。

【教师语言参考】通过本次课开展的活动：提出和叶子相关的问题、观察叶子、比较叶子、画叶子等，我们发现植物世界多姿多彩，植物有很多生存的智慧。同学们能独立思考、观察细致、表达清晰、积极合作等，很不错。

2. 教师布置作业：同学们课后收集一些比较特别的植物的种子，如鬼针草、苍耳、蒲公英等，下次上乡土课前，交给老师。

3. 教师组织学生填写“探索手册”中对应课程的“今日收获”。

六、参考板书

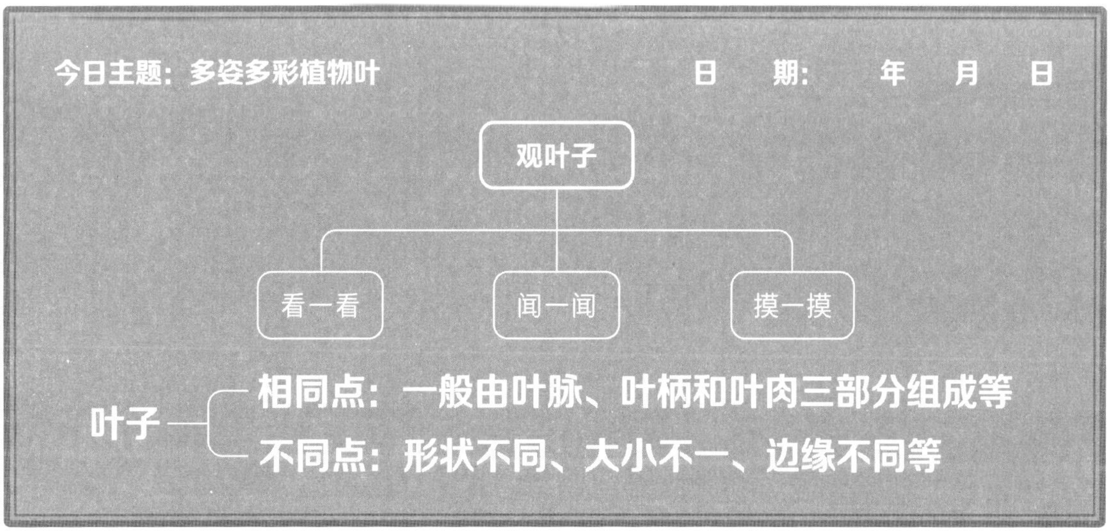

第5课 植物生存有智慧（2课时）

一、教学目标

1. 通过自主观察、小组讨论和教师讲解，学生能列举出 2 ~ 3 种常见植物的生存智慧。

2. 通过教师引导，学生能绘制至少包含三级主题的气泡图，呈现本单元的主要内容。

3. 通过教师引导，学生能使用“我的单元成长档案”，对自己和同组伙伴的学习表现进行评价。

二、教学重难点

学生能够了解植物生存的智慧。

三、教学建议

教师通过观看图片、小组讨论等多种方式进行引导，帮助学生理解。

四、教学准备

1. 工具：彩笔，每组 1 ~ 2 盒。

2. 种子：鬼针草、苍耳、蒲公英等有特色的植物种子若干，每组 1 份。

五、教学内容

本次课共 4 个环节，分别是“上节课回顾”“探究植物的智慧”“共绘单元‘气泡图’”“我的单元成长档案”，课程时长 80 分钟（2 课时）。

环节一：上节课回顾（5分钟）

1. 齐诵《乡土开课辞》。

2. 教师组织学生回顾课堂规则。

3. 教师组织学生回顾上节课主要内容。

环节二：探究植物的智慧（35分钟）

（一）目标

通过小组讨论和教师讲解，学生理解植物有各种生存智慧，能说出 1 ~ 2 种植物的常见智慧。

（二）步骤

1. 教师引入：上次课通过观察叶子，我们初步了解到了植物的生存智慧。那么除了叶子，植物还有哪些生存智慧呢？今天我们继续探究。

2. 教师组织各组代表领取一份鬼针草的种子或果实。

【提示】如无实物，可用课件展示鬼针草种子、果实的图片，引导学生仔细观察鬼针草种子的形态。

3. 思考与互动。

（1）走在山里，为什么衣服上总粘到它的种子？仔细观察，说说你的发现。

【参考】鬼针草的种子上有很尖很细的小针，小针的顶端有分叉的小刺。

（2）鬼针草的种子长成这样，有什么好处呢？

【参考】只要人或动物碰到鬼针草种子，它就会粘到人或动物身上。通过这种方式，它能把自己的种子传播到更远的地方，让种子们在更多的地方成长！这是鬼针草的智慧。

（3）植物还有哪些有趣的智慧呢？

4. 教师介绍任务及规则：探究植物的智慧。

（1）仔细观察“探索手册”中的植物图片，每人选择一种植物说一说它的智慧。

（2）音量为“2”，时长 10 分钟。

（3）遵守合作学习约定：“分工明确”“轮流发言”。

分工明确	
该怎么做？	**该怎么说？**
听从组长的分工安排	组长：你可以选择……植物吗？ 组员：好的，我想选择……植物
轮流发言	
该怎么做？	**该怎么说？**
一次只有一个人发言	①我认为仙人掌的叶子像刺一样，可以减少水分的蒸发 ②轮到你发言了

5. 教师组织示范：教师选择一个小组，带领该组组长和组员，向全班同学示范“分工明确”“轮

流发言”。

【提示】教师指导活动。如学生能较好掌握并遵守合作学习约定，则可同时指导多个小组。

6. 教师总结。

（1）沙漠环境中地表缺水，太阳光照强烈，植物的水分被蒸发得很快。为了在沙漠中尽可能多储存水分、维持生存，仙人掌把叶子退化成了刺，茎进化得更为粗壮。

（2）山中常见的松树，生命力十分顽强，有很强的适应环境的能力。长在贫瘠恶劣的环境中的松树，通常把根扎得很深，以便吸取更多的养分，固定树身的位置，使自己不容易被大风吹倒。

（3）常春藤的攀缘根有攀爬、攀附其他植物的作用，起到很好的固定性。

（4）豌豆苗顶端卷曲，便于攀缘在其他物体上固定整棵植物，从而更好地吸收养料。

（5）拉拉秧茎和叶上的刺可以保护自身免受伤害。

（6）樱桃通过鲜艳的红色和酸甜可口的味道，吸引动物来吃，这样吃剩的种子（核）就能被带到其他地方去生长了。

植物真是有智慧呀！除了叶子，植物的根、果实、茎都体现了植物的生存智慧。

7. 思考与互动：你还知道哪些常见植物的生存智慧呢?

环节三：共绘单元“气泡图”（15分钟）

（一）目标

在教师指导下，学生能回忆单元所学，用“气泡图”呈现本单元的主要内容。

（二）步骤

1. 教师引入：随着这节课的结束，我们关于山中植物的学习就结束了。大家说说，我们学习了哪些内容，做了哪些活动呢?

2. 教师出示：“气泡图”范例。

3. 教师总结：用线段连接大小不同的圆圈，圆圈内可以写字也可以画图像，圆圈像泡泡一样的图案，简称为“气泡图”。“气泡图”中心的大气泡，就是中心主题即一级主题。周围发散的较小的气泡，是中心主题之下的小主题，即二级主题。再下一层的内容为三级主题。从中心主题发散出来的线条使用不同的颜色，从中心主题延伸出的每条线条，其二级和三级主题以及四级主题的线条颜色相同。

4. 教师组织学生绘制“遇见植物王国”单元的“气泡图”。

【提示】教师带二年级学生绘制的单元“气泡图”需要包含至少三级，即单元主题、课堂主题、课堂主要活动和活动中开展内容的关键信息。具体可以参考电子课件中的“气泡图”示范。课堂具体所学内容和开展的活动，教师可以带学生翻阅“探索手册”进行简单的复习。

环节四：我的单元成长档案（25分钟）

（一）目标

在教师引导下，学生能有序填写“我的单元成长档案”，完成自我评价和小组互评。

（二）步骤

1. 教师引入：这个单元的学习到这里就结束了，我们表现得怎么样呢？接下来一起来给自己和小组成员评一评吧！

2. 教师介绍“我的单元成长档案”。

（1）自我评价：由学生对自己的表现进行评价。

（2）小组互评：小组成员互相进行评价。

（3）教师评价：教师对学生表现进行评价。

3. 教师组织学生完成“探索手册”中“我的单元成长档案”填写。

（1）自我评价

填写方式：认为自己达成即涂满星星，没达成则不涂，有时达成、有时未达成则涂一半。

（2）小组互评

填写方式：学生在表格上方填写“我的名字”；按左手方向传递“探索手册”，每传一位同学，在“评价人”处写下自己的名字，并对“探索手册”所属同学的表现进行评价；完全做到填“○”，没有做到填“？”，部分做到填“△”；拿回自己的“探索手册”后，找一找自己做得好的、有待改进的分别是哪几条。

小组讨论：本单元，我们小组做得好的、需要改进的分别是什么？将对应的序号填写在对应的空格里。

小组代表汇报本组讨论结果：经过讨论，我们认为小组做得好的是……可以做得更好的是……

教师对小组的合作学习情况进行总结性点评。

（3）教师评价

填写方式：在“教师评价”的方框内画上符号（打勾、画星星或表情等），并在下方横线处填写评语。

教师可在课后收回“探索手册”进行评价。

【提示】教师巡场计时，观察学生小组互评进度与合作情况，适时适度介入；对学生做得好的地方进行具体鼓励，并明确指出可以做得更好的地方（不宜太多，可以挑选 1 ~ 2 条作为重点改进目标）。考虑到课堂时间有限，教师可找其他时间带领学生完成本步骤。

六、参考板书

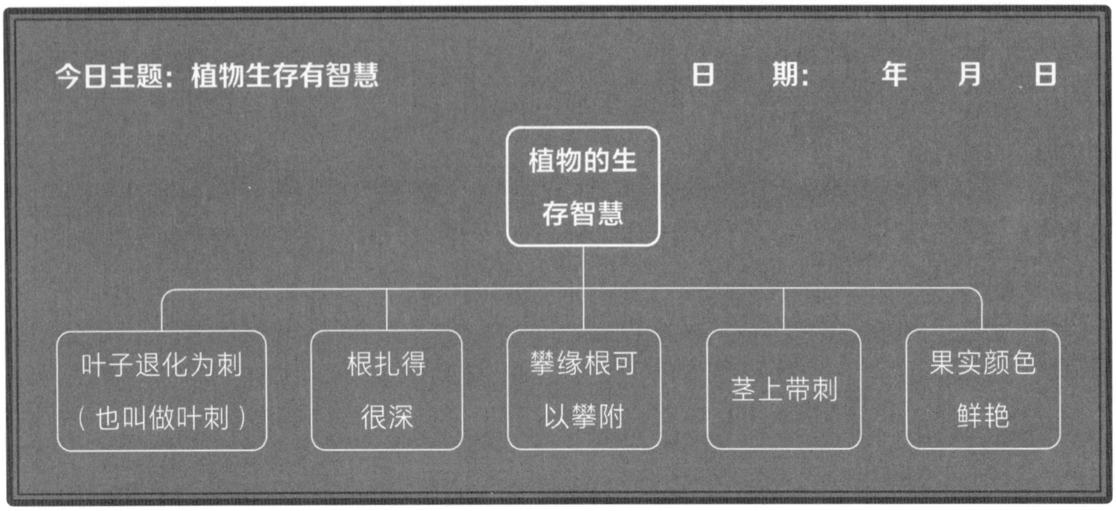

七、气泡图

本“气泡图”仅展示了单元内容框架，教师带领学生绘制“气泡图”时，可参考电子课件中的“气泡图”范例。

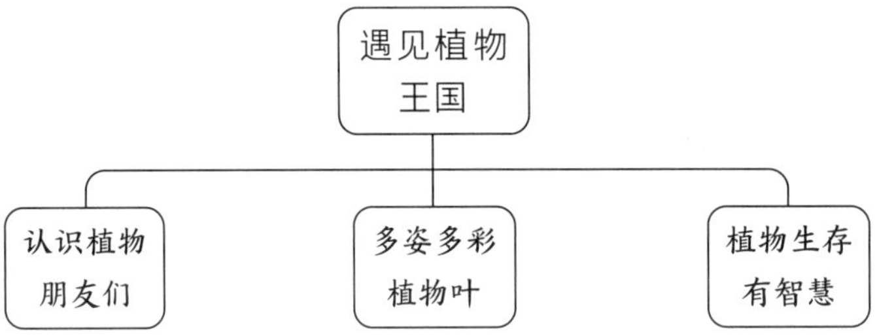

第三单元
探寻动物世界

一、单元教学设计思路

“探寻动物世界”是“山中万物”主题上学期的第三个单元。本单元围绕“山中常见的动物有哪些？”“它们有哪些特点？”等核心问题展开。通过户外观察、小组讨论、自主创作、教师讲解，学生能认识并了解山中常见的动物与其生存习性。

二、跨学科设计

本单元课程涉及科学、语文、美术与综合实践四门学科。

三、单元目标

（一）乐学善学

学生能积极参与课堂互动、小组讨论、艺术创作等活动。

（二）实践创新

学生学习搓、揉、切、捏等泥塑技法，能用彩泥创作出体现其外形主要特征的小动物。

（三）自信分享

学生能将创作的立体小动物等作品，按照分享礼仪自信、大方地向其他人做介绍。

（四）乡土认同

通过观察身边常见的动物，学习有关动物的知识，学生进一步认识家乡的自然事物。

（五）沟通合作

1. 学生能积极与组员合作。

2. 在合作时，学生能遵守“分工明确”“轮流发言”“达成共识”“及时点赞”的合作学习约定，有序地完成任务。

四、单元课程目录

五、相关概念

动物：生物的一大类，这一类生物多以有机物为食物，有神经，有感觉，能运动。

第6课 常见动物大揭秘（2课时）

一、教学目标

1. 通过外出观察和教师讲解，学生能观察并描述动物外形特征、生活地、运动方式、食物类型等。

2. 通过小组讨论，学生能按照外形或习性特点对常见动物分类。

3. 通过给动物分类、猜谜语、创作谜语等活动，学生进一步认识动物。

二、教学重难点

学生能够学会正确观察并描述动物的特征。

三、教学建议

1. 在外出活动前，教师明确活动区域。

2. 教师请每组设1位安全员，协助组长维持秩序。

3. 教师需选择稍微开阔的场地，以集中引导寻找和观察活动。

四、教学准备

1. 户外踩点：教师在校园内或附近的田野中选择适合开展户外教学活动的区域，提前踩点（了解哪里可能有小动物，比如蜗牛、蚂蚁、蝴蝶、甲虫、蚯蚓等），预估往返程耗时并合理规划教学环节时间。

2. 其他：如果因各种客观条件开展不了户外教学，教师可以请同学们观看动物的图片来开展教学。

五、教学内容

本次课共5个环节，分别是“上节课回顾”“寻找校园小动物”“我给动物分分类”“猜猜它们都是谁”“本节课总结”，课程时长80分钟（2课时）。

环节一：上节课回顾（5分钟）

1. 齐诵《乡土开课辞》。

2. 教师组织学生回顾课堂规则、户外课堂约定。

3. 教师组织学生回顾上节课主要内容。

环节二：寻找校园小动物（35分钟）

（一）目标

通过观察和学习，学生能说出观察的小动物的外形特征、生活地、运动方式、食物类型等。

（二）步骤

1. 教师引入：除了植物，还有另一种大自然不可或缺的重要生命——动物，我们身边都有哪些动物呢？今天，就让我们走进小动物们的世界，去认识它们吧！

2. 思考与互动：你最近在学校里看到了哪些小动物？

3. 教师介绍任务及规则：寻找并观察小动物。

（1）以小组为单位，组员一起寻找并观察小动物。

（2）在“探索手册”上记录动物名字、特征、被发现的地点及被发现时它的行为等信息。

（3）时长20分钟。

（4）遵守户外课堂约定。

4. 教师组织学生阅读“探索手册”中对应的课程内容。

5. 思考与互动。

（1）小动物可能在哪里，如何能找到它们？

（2）寻找并观察小动物时，应该注意什么呢？

6. 教师小结：寻找动物时，我们可以留意角落、扒开浅层土壤、搬开小石头或砖头、闭眼听声音来源……在寻找和观察时，要做到不伤害小动物，不用手碰触蜜蜂、蜈蚣等有危险的小动物。

7. 教师介绍活动范围，组织学生有序到户外指定活动地点，开展自主探究。

8. 教师组织学生集合，有序返回教室。

【提示】返回教室后，教师可以先用几分钟时间让学生继续完善“探索手册”。

9. 教师组织学生分享观察结果。

10. 教师小结：同学们找到的小动物有……（根据同学找到的小动物总结）。除了大家今天找到的，其实我们身边还有很多小动物，同学们还知道哪些？

11. 教师出示：松鼠、蚂蚁、蝴蝶、蜜蜂、青蛙、蟋蟀、麻雀、喜鹊、毛毛虫、螳螂、蜻蜓、蜘蛛、蚂蚱、鱼、螽斯、蜗牛、潮虫等动物的图片。

【提示】教师每出示一种动物，请学生说动物的名字、居住环境以及食物类型。

12. 教师总结：大自然中有各种各样的小动物，它们喜欢住的地方和吃的食物各不相同。有的住在田里，有的住在水里，有的住在巢穴里……有的吃草，有的吃小虫子，有的吃花蜜，有的吃青菜……

环节三：我给动物分分类（20分钟）

（一）目标

遵守“轮流发言”“达成共识”的合作学习约定，小组讨论出动物分类的方式。

（二）步骤

1. 教师引入：植物有越长越高大的大树——乔木，有年年在长却长不太高的小树——灌木，还有每年都会重新长出来的小草，它们是不同的种类。那动物可以怎么分类呢？今天，就请同学们给我们身边的动物分分类。

2. 教师介绍任务及规则：我给动物分分类。

（1）音量为“2”，时长 10 分钟。

（2）小组讨论：如何将这些动物分类。

3. 遵守合作学习约定：“轮流发言”“达成共识”。

轮流发言	
该怎么做？	该怎么说？
一次只有一个人发言	①我认为可以按照……进行分类 ②轮到你发言了
达成共识	
该怎么做？	该怎么说？
①让组员充分发表意见 ②少数服从多数	①我们组的结论是…… ②大家是否同意

【提示】

①如有必要，教师可做示范。教师可选择一个小组，带领该组向全班同学示范该如何“轮流发言”“达成共识”。

②小组按照哪种分类方式皆可，只要言之成理即可，如按动物生活的地方、脚的数量等。

4. 教师组织学生将“探索手册”中本课内容里代表动物的序号填写在合适的框中。

5. 教师组织小组代表分享本组结论。

6. 教师总结：动物有很多不同的分类方法，按照外形分类可以分为有脚的和没有脚的，身上有毛和没有毛的；按照生活的环境可分为水中游的、地上走的和天上飞的等等。

环节四：猜猜它们都是谁（15分钟）

（一）目标

通过猜谜语和创作谜语游戏，学生进一步认识动物的外形特征。

（二）步骤

1. 教师引入：刚刚我们按照不同的标准，给动物们分了类，接下来要考考大家的辨别能力了，猜猜它们都是谁。

2. 教师出示动物谜语。

3. 思考与互动：你为什么能这么快猜出来？

【互动小结】因为谜语中包含了小动物的主要外形特征，所以很容易猜出来。

4. 教师介绍任务及规则：我为动物写谜语。

（1）选择一种自己喜欢的小动物。

（2）尝试给它们写谜语，记得描述出它们的外形特征！

（3）音量为“1”，时长8分钟。

5. 教师组织同学分享自己创作的谜语，看大家能不能猜对。

6. 思考与互动：今天，我们揭开了动物的哪些秘密？

环节五：本节课总结（5分钟）

1. 教师总结今日所学。

2. 教师组织学生填写“探索手册”中对应课程的“今日收获”。

六、参考板书

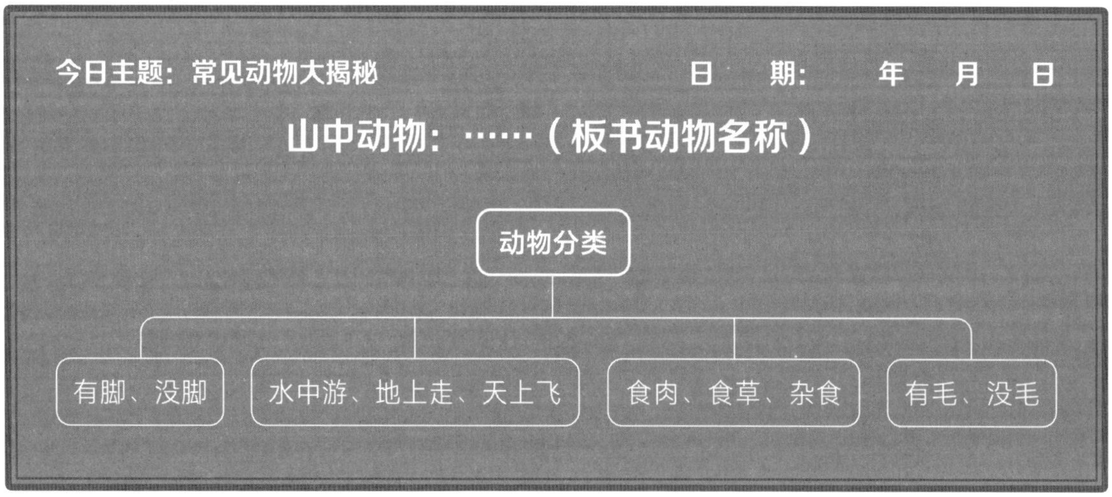

第7课 动物朋友贡献大（2课时）

一、教学目标

1. 通过小组讨论和教师讲解，学生能列举出动物对植物、人、环境的作用和贡献，理解动物是自然界不可或缺的一部分。

2. 通过教师示范和观看视频，学生能用彩泥创作出体现动物主要外形特征的作品。

二、教学重难点

1. 教学重点：学生能列举动物对植物、人、周围环境的作用和贡献。

2. 教学难点：学生能创作出体现动物主要外形特征的彩泥作品。

三、教学建议

1. 教师进行创作示范。

2. 教师提供关于彩泥创作教学的视频、彩泥动物图片，供学生学习。

四、教学准备

1. 材料：彩色超轻黏土或彩泥，每组1～2套。

2. 视频：以“彩泥动物制作”为主题的视频[1]。

3. 图片：以“彩泥动物”为主题的图片[2]。

4. 纸盒：若干个，用于收集、盛装同学们创作的动物彩泥作品。

1　网络搜索“彩泥　DIY　动物　教程”可获得。

2　网络搜索“彩泥　动物”可获得。

五、教学内容

本次课共5个环节，分别是“上节课回顾”“和动物交朋友”“动物朋友贡献大”“我用彩泥捏动物”“本节课总结”，课程时长80分钟（2课时）。

环节一：上节课回顾（5分钟）

1. 齐诵《乡土开课辞》。

2. 教师组织学生回顾课堂规则。

3. 教师组织学生回顾上节课主要内容。

环节二：和动物交朋友（10分钟）

（一）目标

通过“交朋友”的游戏，学生初步理解动物与植物、人类以及动物彼此之间的关联。

（二）步骤

1. 教师引入：在我们身边，除了家养的鸡、鸭、鹅、猪、牛、羊、兔，以及陪伴我们的狗和猫外，还有一些常见的动物，它们和植物一样，都是我们人类的朋友，是这个精彩世界重要的组成部分。你好奇动物们喜欢什么吗？动物又会和谁成为好朋友呢？接下来，就让我们一起找找看。

2. 教师发布任务：和动物们交朋友。

（1）帮小花、水牛、大树找动物朋友。

（2）阅读“探索手册”中内容，在括号中填写合适的动物名称。

（3）音量为“1”，时长5分钟。

3. 教师组织学生分享自己填写的内容。

4. 教师组织学生仿照“探索手册”上的内容，说一说想和哪种动物交朋友。

5. 教师总结：人、植物都离不开动物，动物之间也互相关联，密不可分。动物像朋友一样陪伴着我们，陪伴着植物，陪伴着彼此。

环节三：动物朋友贡献大（25分钟）

（一）目标

学生能说出常见动物的贡献，理解动物是自然界不可或缺的一部分。

（二）步骤

1. 教师引入：动物和植物们让我们的世界充满了生命的活力和美好。植物为人类和动物提供食物，维持生命；为世界净化空气，改善环境，让我们生活得更好。那动物们呢，它们对世界的贡献是什么呢？让我们想一想、说一说。

2. 思考与互动：除了提供美食、松土，小动物们还有哪些贡献呢？

3. 教师介绍任务及规则：讨论“动物朋友的贡献”。

（1）小组讨论“探索手册”中每张图片中的动物贡献或作用。

（2）音量为“2”，时长 15 分钟。

（3）遵守合作学习约定：“轮流发言”“及时点赞”。

轮流发言	
该怎么做？	该怎么说？
一次只有一个人发言	组员：我认为小松鼠可以帮助植物传播种子……我认为蚂蚁可以吃蚜虫（蚜虫对于农作物来说是一种害虫） 组长：轮到你发言了
及时点赞	
该怎么做？	该怎么说？
①竖起大拇指 ②微笑鼓掌	①你说得很棒 ②你说得很对

4. 教师组织小组代表分享“探索手册”里面图片的内容。

5. 教师总结：动物可以帮助植物传粉、传播种子，改良土壤，维持生态平衡；还可以为人类生存提供必要的食物、药品、纺织材料等等。

6. 教师介绍“探索手册”中的“动物的贡献气泡图”，并请学生完成“气泡图”的填写。

7. 思考与互动。

（1）地球上可以没有动物吗？

（2）如果地球上没有了动物会怎么样呢？

8. 教师总结：动物是地球上不可或缺的一部分，它们的贡献真大！

环节四：我用彩泥捏动物（35分钟）

（一）目标

通过教师示范或者观看视频，学生能捏出表现动物外形特征或体现动物作用的泥塑作品，并能遵守分享规则向全班分享。

（二）步骤

1. 教师引入：我们认识了动物朋友，知道不同动物的外形、声音、身体结构各不相同，也知道了动物朋友的贡献，接下来我们用泥塑来捏一捏动物朋友吧！

2. 教师介绍任务及规则：我用彩泥捏动物。

（1）小组分工，用彩泥捏出多种常见动物。

（2）要体现动物的外形特征。

（3）每人可以捏 2 ~ 3 种动物，也可以捏一种动物并同时捏出与其相关的植物，共同组成一幅作品。比如可以捏“正在捉虫子的小鸟”“花朵上采蜜的蜜蜂、蝴蝶”“正在松土的小蚯蚓”等等。

（4）音量为“2”，创作时长 20 分钟。

（5）遵守合作学习约定：“分工明确”。

分工明确	
该怎么做？	该怎么说？
听取组长的分工安排	组员：我想捏…… 组长：你可以捏……吗？

3. 教师示范或视频讲解典型动物形象的泥塑分解步骤。

（1）四肢类动物：头→躯干→四肢→五官，类似捏泥人步骤。

（2）鸟类：头→身体→翅膀。

（3）鱼类：鱼头→鱼身→鱼鳍→鱼尾。

（4）昆虫类：头→胸→腹→足。

4. 教师出示：泥塑动物图片。

5. 教师组织各组领取材料并开展泥塑活动。

6. 教师介绍任务及规则：分享彩泥作品。

（1）以小组为单位上台分享作品。

（2）从讲台一边上台，从另一边下台。

（3）所有人站定，小组一起鞠躬说：“大家好，我们是……小组”，接着每人依次介绍自己的作品。所有人介绍完毕后，小组一起说：“谢谢大家”。

（4）分享者音量为“3”，听众音量为“0”。

（5）台下同学认真倾听、观看同学分享的作品；他人分享后，及时把掌声送给别人。

7. 教师示范：“我捏的是正在吃青菜的小蜗牛，它有一个非常大的壳，壳上有一圈圈的纹路。”“我捏的是蟋蟀，它有两条非常长的触角和很大的肚子，它是螳螂的美食。”

8. 教师组织小组轮流上台分享作品。

【提示】

①教师应及时给予分享者鼓励性点评。

②教师可以把学生作品小心收集保存起来，在期末集中展示，或放在展示区。

环节五：本节课总结（5分钟）

1. 教师总结今日所学。

2. 教师组织学生填写“探索手册”中对应课程的“今日收获”。

六、参考板书

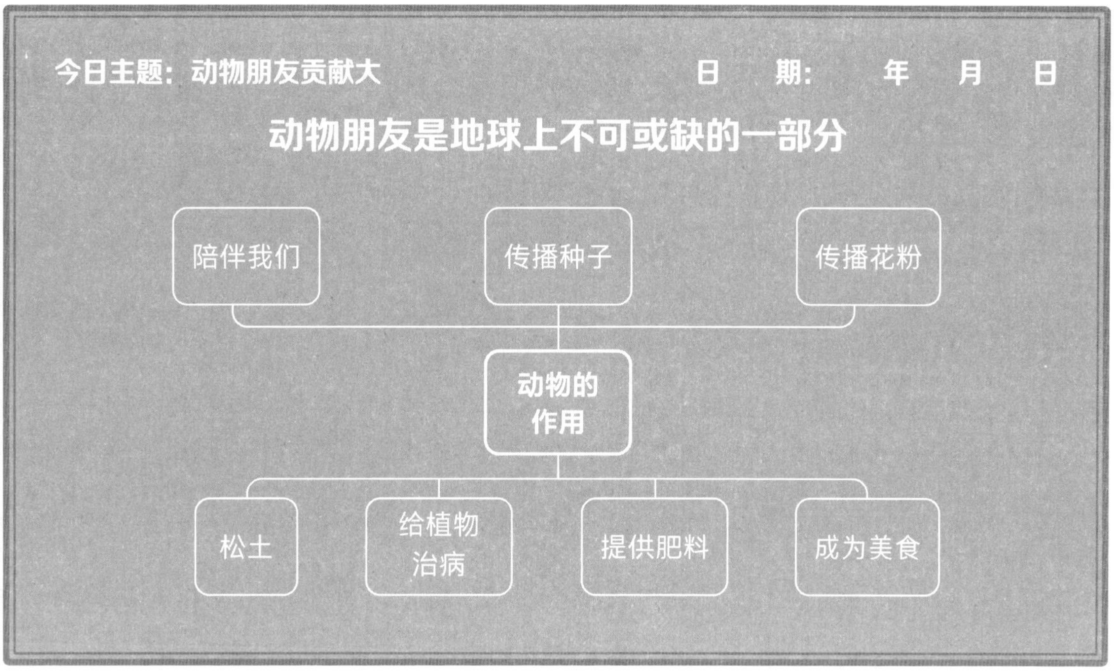

第四单元
大山·生命的乐园

一、单元教学设计思路

“大山·生命的乐园”是“山中万物”主题上学期的第四个单元，也是本学期课程的最后一个单元。本单元，学生通过连一连、角色扮演，理解动植物之间的相互关联，理解它们各自扮演的重要角色构成了大山生命的多样性，理解每种事物都是大山不可或缺的一部分。

二、跨学科设计

本单元课程涉及科学、美术、综合实践三门学科。

三、单元目标

（一）沟通合作

学生尝试承担各自角色的职责，完成组内分工任务；遇到困难时，学生尝试按照求助顺序求助以及帮助他人。

（二）审美情趣

1. 学生能欣赏他人作品，用较完整的话语表达自己的发现和感受。
2. 学生能按照自己的想法，用画笔绘制出体现动植物和谐共处的画。

（三）自信分享

学生能围绕既定主题进行分享，用清晰的语言表达自己的观点、观察和感受。

（四）乐学善学

1. 学生能积极参与课堂互动、小组讨论、艺术创作、艺术欣赏等活动。

2. 学生能绘制至少包含三级主题的学期“气泡图”，梳理学期所学。

3. 学生能运用“我的学期成长档案”完成自我评价和小组互评，培养自我和小组反思意识。

四、单元课程目录

第 8 课　动物植物“大聚会”（2 课时）

第 9 课　绘制动植物“乐园”（2 课时）

第8课 动物植物“大聚会”（2课时）

一、教学目标

1. 通过“连一连”的活动，学生能初步理解动、植物之间互相关联，共同组成了生命网络。

2. 通过角色扮演，学生进一步理解动、植物的多样性以及它们之间相互依存的关系。

3. 通过教师引导，学生能理解大山是无数生命的栖息地，是生命多样性的摇篮。

二、教学重难点

1. 教学重点：学生能理解动物之间相互依存的关系。

2. 教学难点：学生在角色扮演时，能说出自己扮演的角色和其他动植物之间的关系。

三、教学建议：

教师做好语言示范，引导学生思考；当学生说不出来时，教师需及时提醒。

四、教学准备

1. 工具：彩笔，每组 1 ~ 2 盒；剪刀，每组 1 把；双面胶，每组 1 个；彩色硬卡纸，每组若干。

2. 卡片：空白卡片，每位同学 1 份（1 份 4 张，每张为 A4 纸的 1/4 大小；角色示范卡片 1 张，绘有动物或植物简笔画，写有其名称及有关它的一句话）。

五、教学内容

本次课共 4 个环节，分别是“上节课回顾”“动植物‘连一连’”“动物植物‘大聚会’”“本节课总结”，课程时长 80 分钟（2 课时）。

环节一：上节课回顾（5分钟）

1. 齐诵《乡土开课辞》。

2. 教师组织学生回顾课堂规则。

3. 教师组织学生回顾上节课主要内容。

环节二：动物植物“连一连”（35分钟）

（一）目标

通过“连一连”活动，学生能理解动、植物之间是相互关联、相互依存的。

（二）步骤

1. 教师引入：本学期，我们认识了身边常见的动、植物，你认为这些动、植物之间有什么联系？如果动物和植物来一场聚会，你觉得它们会聊什么呢？本次课，我们继续走进动物和植物的世界，去认识它们之间的关系。

2. 教师介绍任务及规则：动物植物连一连。

（1）观察“探索手册”中的动植物图片，请用线将有关系的事物连接起来，只要两者相关就可以连线。

（2）音量为“2”，时长10分钟。

（3）遵守合作学习约定：“多方求助”“积极助人”。

多方求助	
该怎么做？	该怎么说？
①按求助顺序求助：工具书→组员→组长→其他小组→老师 ②接受帮助	（同学名字），你认为青蛙和蜗牛有关系吗？
积极助人	
该怎么做？	该怎么说？
①帮助别人 ②互相交流	①你需要帮忙吗？ ②我来帮你

3. 教师示范：蜗牛吃青菜，那就把这两者连起来；蚜虫也吃青菜，也可以把蚜虫和青菜连起来；蚜虫是瓢虫的美食，可以把蚜虫和瓢虫连起来。

4. 教师组织学生填写“探索手册”中的内容。

5. 思考与互动：仔细观察连线完成后的此部分内容，你看到了什么？

6. 教师总结：我们身边的动、植物之间就像被一根根线连着，很多很多的动植物互相连着，就形成了一个巨大的生命网络。

环节三：动物植物“大聚会”（35分钟）

（一）目标

通过角色扮演活动，学生能进一步理解大山中的动、植物相互依存的关系，以及它们对大山的重要性。

（二）步骤

1. 教师引入：动物和植物要“聚会”啦，每位同学都将扮演一种动物或者植物。请在卡片上画出你扮演的动、植物，想一想，作为这种植物或动物，你来参加动物植物“大聚会”会说什么呢？

2. 教师介绍任务及规则：动物植物“大聚会”。

（1）每位同学任选一种自己想要扮演的动物或者植物。

（2）在卡片上画出选择的动物或植物的简笔画，并写上名称。

（3）准备台词，即在“聚会”时扮演角色想说的话，可以从扮演的角色在大自然中的作用角度思考，记录在卡片上。

3. 教师出示：角色示范卡片。

4. 教师示范：我是鬼针草，我是牛羊的美食；我是蜜蜂，我为大树和小花传播花粉；我是蚯蚓，我为大树松土。

5. 教师组织学生绘制卡片。

【提示】教师给学生发绘制材料。为了降低活动难度，教师可以先请学生选择扮演的植物或动物，然后进行绘制。学生绘制时，可参考“探索手册”中的简笔画。学生画好后，再由教师组织学生统一思考。

6. 教师介绍游戏规则。

（1）每人先轮流说自己扮演的角色和自己在大自然中的作用。

（2）等所有人都说完之后，各个角色可向有贡献的角色表达感谢，例如：A 同学说，我是“野兔”。B 同学是“老鹰”，B 同学就可以说“感谢野兔，为我提供了美食”。C 同学是“鬼针草”，C 同学就可以说“感谢野兔，帮我传播了种子”。

（3）当和 A 同学有关系的角色说完之后，就可以轮到下一位同学说自己扮演的角色，其他扮演者根据自己扮演的角色，同样向这位同学表达感谢。以此类推，直到所有的同学说完自己扮演的角色。

7. 教师组织学生围圈开展游戏。

【提示】在玩这个游戏前，教师先组织学生围成一个圆圈。如果班级人数多，并且时间充裕，教师可以组织学生分批玩。教师需要加入其中，尤其是当某位同学说出某种角色，其他同学们接不上时，教师就需要接上。玩游戏之前，教师可以请学生把绘制的卡片粘贴到硬卡纸上，然后戴到头上。

8. 思考与互动。

（1）通过这个游戏，你发现了什么？

（2）除了我们扮演的角色，我们周围还有其他动植物吗？

（3）它们都生活在哪里？

（4）如果没有大山，动植物又会怎么样呢？

（5）你觉得它们生活在大山中开心吗？

9. 教师总结：我们周围有各种各样的动物和植物，它们都是生命，它们相互依存，它们都扮演着重要的角色，从小昆虫、小草到飞翔的鸟儿、高大的树，它们都生活在大山中，生活在自然中，以自己的方式影响着周围其他事物。大山是无数生命的栖息地，这些生命在大山中开心快乐地生活、养育后代，形成了生命的乐园。

环节四：本节课总结（5分钟）

1. 教师总结今日所学。

2. 教师组织学生填写“探索手册”中对应课程的“今日收获”。

六、参考板书

今日主题：动物植物“大聚会”　　　　日　期：　　年　月　日

动植物之间相互关联、相互依存

大山：生命生活地，生命的乐园

第 9 课 绘制动植物“乐园”（2 课时）

一、教学目标

1. 通过教师引导和游戏活动，学生进一步理解山中动、植物之间相互依存、缺一不可的关系。

2. 通过回顾本学期所学，结合自己的生活经验，学生能创作一幅体现动、植物和谐相处的图画。

3. 通过教师引导，学生能绘制至少包含三级主题的学期“气泡图”，能用不同颜色区分不同单元主题内容。

4. 通过使用“我的学期成长档案”，学生能对本学期自己和组员的表现进行自评和他评，反思并总结自己和组员的成长。

二、教学重难点

学生能创作一幅体现动物植物和谐相处的图画。

三、教学建议

1. 在学生创作时，教师可给予学生充分引导，使学生画作可以充分体现动植物的关系。

2. 教师可提供示范画给学生参考。

四、教学准备

1. 工具：彩笔，每组 1 ~ 2 盒。

2. 示范画：以“动、植物和谐相处”为主题的儿童画[1]。

1 网络搜索关键词“动植物乐园 儿童画”可获得。

五、教学内容

本次课共 4 个环节，分别是“绘制动植物‘乐园’”“动植物‘乐园’欣赏会”“共绘学期‘气泡图’”“我的学期成长档案”，课程时长 80 分钟（2 课时）。

环节一：绘制动植物“乐园”（30分钟）

（一）目标

能结合前期所学及生活经验，学生能创作一幅体现动植物和谐美好关系的画。

（二）步骤

1. 教师引入：本学期，我们学习了植物和动物的很多知识，知道了植物的智慧、动物的贡献，接下来，让我们把这些动植物画进我们的动植物“乐园”里，让它们在这里共同生活、共同繁荣吧！

2. 教师介绍任务及规则：绘制动植物“乐园”。

（1）创作一幅以动植物“乐园”为主题的绘画。

（2）表现出动、植物的外形特点。

（3）音量为“1”，时长 30 分钟。

3. 思考与互动：画中要有哪些内容才能体现出这是动植物的“乐园”呢？

（1）多样性：画出多种动植物，展现一个丰富多彩、生机勃勃的“乐园”。

（2）友好相处：画出动植物之间友好相处的场景，比如小鸟在树上唱歌、小兔子在草地上吃草。

（3）色彩丰富：使用鲜艳的颜色来表现“乐园”的欢快和活力，比如绿色的草地、五彩斑斓的花朵。

（4）自然景观：画一些自然景观，如山坡、小溪等，让“乐园”看起来更加立体。

（5）“乐园”设施：可以画出一些乐园设施，如秋千、滑梯等。

4. 教师播放绘画视频。

5. 教师出示：“动植物‘乐园’”主题示范画。

6. 教师组织学生创作。

7. 教师组织学生在完成创作后，以“1”的音量，收拾物品，清理桌面。

环节二：动植物“乐园”欣赏会（20分钟）

（一）目标

通过欣赏同学作品，学生更加体会到动植物和谐共处的美好。

（二）步骤

1. 教师引入：老师看到同学们创作的动植物“乐园”都特别美好，动植物们在这个“乐园”里都能快乐生长。那我们就相互欣赏一下大家的“乐园”吧！

2. 教师介绍任务和规则：动植物“乐园”欣赏会。

（1）有序走动起来，欣赏他人作品。

（2）重点从作品的色彩、形状、动植物丰富程度等角度欣赏作品。

（3）欣赏作品时音量为"1"。

3. 教师请全体学生走动起来欣赏作品。

【提示】可以将作品集中摆放在比较空旷的位置，比如讲台或者教室中间，方便学生走起来观看。

4. 教师示范：我发现这幅作品色彩丰富；我发现这幅作品的蝴蝶画得很漂亮。

5. 教师组织学生点评作品或表达自己的发现与感受。

环节三：共绘学期"气泡图"（10分钟）

（一）目标

在教师指导下，学生能回忆本学期所学，用至少包含三级主题的"气泡图"呈现本学期的主题内容。

（二）步骤

1. 教师引入：我们已经学习了一个学期的"山中万物"，想一想我们都开展了哪些活动？你印象深刻的内容有什么？

2. 思考与互动。

（1）山中万物有什么？

（2）山中万物怎么来的？人是怎么来的？神话故事怎么说？

（3）常见的植物朋友有哪些？树叶神奇在哪里？植物都有什么智慧？

（4）常见动物有哪些？动物朋友有什么贡献？

（5）植物和动物有什么关系？

【提示】教师可以通过抢答或者小组内轮流"说一说"的形式开展本环节。

3. 教师组织学生翻阅"探索手册"进行课程回顾。

4. 教师组织学生绘制学期"气泡图"[1]。

【提示】

①如果大部分学生不会画，教师可以带着学生一起画。

②教师带二年级学生绘制的学期"气泡图"需要包含至少三级，即学期主题、单元主题、课堂主题以及课堂主要活动和活动中开展内容的关键信息。具体可以参考电子课件中的"气泡图"示范。课堂具体所学内容和开展的活动，教师可以翻阅"探索手册"进行简单的复习。

5. 教师出示：课件中的学期"气泡图"示范图。

---

1 "气泡图"的绘制方法，可参考本手册上册"植物生存有智慧"，见本书第 36 页。

环节四：我的学期成长档案（20分钟）

（一）目标

学生能填写“我的学期成长档案”，进行自我评价和小组互评。

（二）步骤

1. 教师引入：本学期学习到这里就结束了，我们做得怎么样呢？接下来我们一起来给自己、给小组成员评一评吧！

2. 教师介绍并组织学生填写“我的学期成长档案”[1]。

3. 教师可结合实际情况，组织学生分享学期个人成长情况。

4. 教师组织各小组，遵守“轮流发言”的合作学习约定，在组内互相表达感谢。感谢这个学期，彼此之间的支持与帮助。

【提示】如果课上时间紧张，教师可另行安排时间，组织同学们开展总结评价。以便让同学们看到自己和他人的进步和成长。

六、参考板书

今日主题：绘制动植物“乐园”　　　　日　期：　　年　　月　　日

植物和动物都属于大山中的生命，它们密切关联，缺一不可。

七、气泡图

本“气泡图”仅展示了学期内容框架，教师带领学生绘制“气泡图”时，可参考电子课件中的“气泡图”范例。

1　“我的学期成长档案”的填写方法，可参考“植物生存有智慧”，本书第 37 页。

附录 1 |“山中万物”（上）教具清单

序号	对应课程	物品名称	单位	分配方式	使用说明
1	整个学期	《山中万物》（引导手册）	本	1 本 / 师	教师备课
2		《山中万物（上）》（探索手册）	本	1 本 / 生	学生使用
3		计时器	个	1 个 / 班	活动计时
4		彩笔	盒	1 ~ 2 盒 / 组	绘画
5		剪刀	把	1 把 / 组	手工
6	开学第一课	分组卡片	套	根据实际需要准备	分组
7	第 1 课 走进山中万物	防蚊虫用品（比如花露水）	瓶	1 瓶 / 班	在户外活动中，防蚊虫叮咬
8	第 2 课 万物起源的神话	泥巴、盆、较细的小木棒或牙签、小草或小树叶	套	1 套 / 组	捏泥人
9	第 4 课 多姿多彩植物叶	颜色、形状等不同的叶子	片	若干片 / 组	观察
10	第 5 课 植物生存有智慧	采摘鬼针草、蒲公英等有特色的种子	颗	若干颗 / 组	观察
11	第 7 课 动物朋友贡献大	超轻黏土	包	5 包 / 组	手工
12	第 8 课 动物植物“大聚会”	A4 空白纸	张	1 张 / 生	手工
13		彩色硬卡纸	包	1 包 / 班	活动
14		双面胶	卷	1 卷 / 组	

附录 2 ▍“山中万物”（上）学生学期评价量表

素养目标	评价标准			
	非常出色	再接再厉	努力加油	还需改进
自信分享	1. 愿意分享观察、感受、作品、小组结论等内容 2. 能良好地遵守分享礼仪 3. 能围绕主题进行分享，用流畅的语言表达观点、分享小组结论和作品等	1. 愿意分享观察、感受、作品、小组结论等内容 2. 能较好地遵守分享礼仪 3. 能围绕主题进行分享，用较流畅的语言表达观点、分享小组结论和作品等	1. 愿意分享观察、感受、作品、小组结论等内容 2. 在教师指导下，能遵守分享礼仪 3. 能围绕主题进行分享	不愿意分享等
乡土认同	能较为准确识别身边常见的动植物名称和特点，能用自己的话解释动植物之间以及动植物与其他事物之间的关系	能识别大部分身边常见的动植物名称和特点，初步理解动植物与环境之间的关系	能够在教师的指导下，认识身边的一些常见动植物的名称和特点	有故意伤害动植物等行为
社会责任	1. 在大多数情况下，能良好地遵守课堂规则 2. 能说出生命相互依存关系的案例，能认识到动植物不可或缺	1. 在教师和同学的提醒下，在大多数情况下能遵守课堂规则 2. 能说出生命相互依存关系的案例，能认识到动植物不可或缺	1. 在教师和同学的提醒下，大多数情况下能遵守课堂规则 2. 在教师的指导下，能说出动植物相互依存关系的案例	1. 在教师和同学的提醒下，依然不能遵守课堂规则等 2. 说不出动植物相互依存关系的案例
勇于探究	1. 在观察探索活动中，能提出关于植物的具体且符合要求的问题 2. 能利用多种感官或简单的工具，得出问题答案或结论	1. 在观察探索活动中，能提出关于植物的具体的问题 2. 能利用多种感官或简单的工具进行探究	1. 在观察探索活动中，能提出关于植物的问题 2. 在教师的指导下，参与探究过程	1. 在观察探索活动中，不提出问题或存在捣乱行为等 2. 消极对待探究活动等
实践创新	能发挥创意和想象力，创作出和主题相关度高、形象的作品	能发挥创意和想象力，创作出和主题相关、较为形象的作品	在教师的指导下，能发挥创意和想象力，创作出和主题相关的作品	不愿意参与创作活动或作品与主题毫无关联等

（续表）

素养目标	评价标准			
	非常出色	再接再厉	努力加油	还需改进
沟通合作	1. 在小组讨论中良好地遵守“轮流发言”“专注倾听”“举手表决”等规则 2. 能良好地完成小组任务	1. 在小组讨论中较好遵守“轮流发言”“专注倾听”“举手表决”等规则 2. 能较好地完成小组任务	1. 在教师指导下，在小组讨论中能基本遵守“轮流发言”“专注倾听”“举手表决”等规则 2. 在教师指导下，能参与小组任务	不愿意参与小组合作等
乐学善学	1. 在大多数课堂中，积极参与课堂互动、小组讨论、艺术创作等活动 2. 能绘制逻辑清晰、字迹工整、至少包含三级主题的“气泡图”，对所学内容进行梳理总结 3. 能认真填写“我的成长档案”，进行小组客观互评和自我评价，从多个维度简单反思自己和组员的变化	1. 半数课堂中，积极参与课堂互动、小组讨论、艺术创作等活动 2. 能绘制至少包含三级主题的“气泡图”，对所学内容进行梳理总结 3. 能认真填写“我的成长档案”进行小组互评和自我评价，简单地反思自己和组员的变化	1. 在教师指导下，能参与课堂互动、小组讨论、艺术创作等活动 2. 能绘制“气泡图” 3. 在教师指导下，能填写“我的成长档案”参与小组互评和自我评价	1. 对课堂活动存在消极抵抗等行为 2. “气泡图”逻辑混乱、字迹潦草 3. 不能完成“我的成长档案”
审美情趣	1. 能从 1 ~ 2 个维度用完整的话表达发现和感受 2. 创作的作品，主题鲜明、线条流畅、轮廓清晰、色彩协调、作品内容丰富、画面干净（任意达成 3 点即可）	1. 用较完整的话表达发现和感受 2. 创作的作品，主题鲜明、线条流畅、轮廓清晰、色彩协调、作品内容丰富、画面干净（任意达成 2 点即可）	1. 在教师的指导下，能表达发现和感受 2. 在教师指导下，能通过绘画的形式完成主题创作	对主题创作存在消极抵抗等

山中万物 | 下

开学第一课
（2 课时）

一、教学目标

1. 在教师引导下，学生了解本学期乡土课的主题为“山中万物”，复习《乡土开课辞》、音量规则、分享规则，学习新学期课堂规则。

2. 在教师引导下，通过游戏，学生组建新学期的学习小组。

3. 在教师引导下，通过“轮流发言”“举手表决”的方式，各小组讨论确定组长。

二、教学重难点

学生能在教师引导下形成“组间同质，组内异质”的小组。

三、教学建议

1. 教师可根据班级实际人数，确定小组数量（每组 4 ~ 6 人为宜），并提前准备分组卡片。

2. 教师可根据本班实际学情，选择合适的分组方法。

3. 教师可根据学生能力情况，先准备理想的分组名单备用。

4. 在本次课后，教师可以根据学生能力，与学生沟通情况调整分组。

四、教学准备

1. 分组卡片：卡片上写和学生拳头大小一样的字，比如“乡”“土”“课”“山”“中”“万”“物”等。在活动的分组环节，拿到相同字卡片的同学，即为一个小组。

2. 分组方式：教师也可以使用其他新颖的分组方式，比如游戏或者抽签等。

3. 新学期课堂规则：教师希望学生能做到的课堂规则，用于在课堂上带领学生学习。

4. 教室布置：教师提前将班级桌椅布置成小组围坐的形式[1]。

五、教学内容

本次课共 7 个环节，分别是“走进乡土课”“找到新组员”“投票选组长”“投票定组名”“小组初亮相”“课堂新规则”“本节课总结”，课程时长 80 分钟（2 课时）。

环节一：走进乡土课（10分钟）

（一）目标

通过本环节，学生复习《乡土开课辞》以及音量规则。

（二）步骤

1. 教师引入：欢迎来到新学期的乡土课！从今天开始，我们再次踏上了新的乡土之旅，继续认识我们的家乡，同学们是不是很期待呢？

2. 思考与互动：上一学期，我们学了什么？有哪些令你印象深刻的活动？

3. 教师出示：“山中万物”主题上学期“气泡图”。

4. 教师组织学生回顾上学期所学。

5. 思考与互动：我们《乡土开课辞》的内容是什么？你还会背诵吗？

树高千丈，叶落归根；惟以家乡，吾生有祥；
里仁为美，祖德流芳；土育万物，乡承文化；
血脉相连，挚爱莫忘；感恩乡土，厚福有望。

【提示】

①本学期的每次课程之前，全员需齐诵（最好能背诵）《乡土开课辞》。

②在诵读过程中，教师可简单阐释开课辞大意，适当加入配合节奏和内容的自编动作[2]。

6. 思考与互动：我们的音量规则是什么？

7. 教师介绍音量规则。

（1）“0”：无声（倾听和自主创作时）。

（2）“1”：小声，即耳语（两人小声交流时）。

（3）“2”：轻声细语，组内能听到（小组合作时）。

（4）“3”：大声洪亮，全班能听清楚（分享时）。

【提示】如果教师第一次开展乡土课，教师可以参考本手册“开学第一课”（上）中关于乡

1 参见《吾乡吾土指导纲要》（孔学堂书局 2025 年版）第五章内容。

2 《乡土开课辞》的动作编排可参考田字格公益官网“学习园地—课程资源”中的“乡土示范课”。

土开课辞和音量规则的介绍。

环节二：找到新组员（15分钟）

（一）目标

通过“找朋友”游戏，学生组成新学期的学习小组，为小组活动做准备。

（二）步骤

1. 教师介绍任务及规则：找朋友。

（1）每人抽取一张小卡片。

（2）走动起来互相看看其他同学的卡片写了什么。

（3）持有相同字的同学走到一起手拉手。

（4）音量为“2”，时长10分钟。

2. 教师组织学生领取卡片。

3. 教师组织开展“找朋友”游戏，组成新学期的学习小组。

【提示】

①小组成立后，教师可以指定各小组坐的位置。如果有些同学想要拿原来座位上的笔和本子，教师可以集中给孩子2分钟，以“1”的音量拿东西。

②教师对活动中学生的行为表现进行点评和鼓励，如遵守音量规则、互助等方面。

4. 教师组织各小组代表拿出本组一张卡片放一起，组成通顺的短句。

5. 教师介绍本学期主题：山中万物。

【教师引导参考】上学期，我们的主题也是“山中万物”，我们认识了身边的植物，发现了植物的智慧，讨论了动物贡献，本学期乡土课的主题依然为“山中万物”，我们将继续认识山中其他事物。

环节三：投票选组长（15分钟）

（一）目标

学生通过“轮流发言”“举手表决”选出组长。

（二）步骤

1. 教师引入：组长是老师的小助手，负责协助老师和组内同学、维持小组纪律、帮助小组更好地完成任务，所以我们每个小组要选出一位组长。

2. 教师介绍任务及规则：选组长。

（1）音量为“2”，时长8分钟。

（2）遵守合作学习约定：“轮流发言”“举手表决”。

轮流发言	
该怎么做？	该怎么说？
一次只有一个人发言	我建议组长是……
举手表决	
该怎么做？	该怎么说？
①同意举手 ②不同意则不举手	①我同意，我举手 ②我不同意，我不举手

3. 教师组织示范：教师选择一个小组，带领该组组员，向全班同学示范“轮流发言”“举手表决”。

4. 教师组织各小组完成选组长的任务。

5. 教师组织各组汇报组长姓名，并记录在黑板上。

环节四：投票定组名（15分钟）

（一）目标

学生通过“轮流发言”“举手表决”，确定组名。

（二）步骤

1. 教师引入：我们各组的组长确定了，下面要确定我们新学期的小组的名字。这个名字要能代表我们组的形象，让每个组员都喜欢。

2. 教师介绍任务及规则：投票定组名。

（1）音量为“2”，时长8分钟。

（2）遵守合作学习约定“轮流发言”“举手表决”。

轮流发言	
该怎么做？	该怎么说？
一次只有一个人发言	组员：我建议组名为…… 组长：轮到你说了。
举手表决	
该怎么做？	该怎么说？
①同意举手 ②不同意则不举手	①我同意，我举手 ②我不同意，我不举手

【提示】此合作学习约定，如学生已经会用，则不用示范。如需要示范，教师选择一个小组，带领该组组长和组员做一遍上表的动作和语言，给全班同学示范该如何“轮流发言”“举手表决”。

3. 教师组织小组完成定组名的任务。

【提示】教师可依次指导各组完成该项任务。如果学生能较好掌握并遵守合作学习约定，则几个小组可以同时完成该任务。

环节五：小组初亮相（15分钟）

（一）目标

通过小组亮相，学生熟悉分享礼仪与倾听规则。

（二）步骤

1. 教师引入：我们新学期的学习小组成立了，下面就请各小组上台亮相吧！那上台分享的礼仪规则都有什么呢？谁来说一说。

2. 教师介绍任务及规则：全组亮相。

分享规则：

（1）从讲台一边上台，另一边下台。

（2）等所有人站定，小组一起鞠躬后说“大家好，我们是……组”。组长介绍自己“我是组长……”后，由组员依次介绍自己“我是组员……”。所有人介绍完毕，小组成员一起鞠躬说“谢谢大家”。

（3）音量为“3”。

倾听规则：

（1）音量为“0”，认真倾听，记住分享者的分享内容。

（2）每组分享完毕后，及时把掌声送给分享者。

【提示】

①分享环节，教师需引导台下学生注意倾听。

②各小组分享完毕，教师要及时找到每个小组的优点，予以肯定和鼓励。比如：声音洪亮、吐字清楚、遵守分享礼仪和规则等。

③若班级人数、小组数较多，视实际时间，选取部分小组进行分享。

3. 教师组织小组依次上台亮相。

4. 教师总结：恭喜各小组形成，希望组长能带领组员在乡土课堂中有更好的表现。

环节六：课堂新规则（5分钟）

（一）目标

学生学习本学期乡土课的课堂规则。

（二）步骤

1. 教师引入：为了保证乡土课的顺利开展，同学们需要遵守课堂规则。大家看看，这些是不是我们要遵守的呢？

2. 教师组织学生学习新的课堂规则。

【提示】

①教师可根据班级情况准备课堂规则条款，在课上做详细说明和充分示范。如教学准备要求、举手发言动作要求、课堂坐姿要求等。

②教师可以鼓励同学们发表补充意见，经全班投票后，再确定新的课堂规则。

环节七：本节课总结（5分钟）

1. 教师总结今日所学。

【提示】总结一般包含今天学习的内容、完成的任务和同学们的表现情况。

2. 教师组织学生填写“探索手册”中对应课程的“今日收获”。

【提示】教师在学生填写前，可作如下提示。

①一笔一画，认真工整地写每一个字。

②爱惜手册，保存好手册，不乱涂乱画。

③不会写的字可以用拼音代替。

六、参考板书

今日主题：开学第一课　　　　日　期：　　年　月　日

乡土开课辞　音量规则　“找朋友”

学期主题：山中万物

选组长　定组名　小组初亮相

课堂新规则

第一单元
走进山中万物

一、设计思路

“走进山中万物”是“山中万物”主题下学期的第一个单元。大山之中，除了动、植物，还有哪些自然事物和现象……在户外观察中，教师将引导学生发现身边司空见惯的自然事物和现象，鼓励学生进一步地思考，提出自己感兴趣的问题，激发学习兴趣。

二、跨学科设计

本单元课程涉及科学、道德与法治、语文、综合实践四门学科。

三、单元目标

（一）勇于探究

在观察探索活动中，学生能提出自己感兴趣的关于自然事物的问题。

（二）沟通合作

1. 在小组讨论中，学生能使用“轮流发言”“专注倾听”等合作学习约定。
2. 学生尝试落实各自角色的职责，完成组内分工任务。

（三）自信分享

学生能围绕既定主题进行分享，用清晰的语言表达观点。

（四）乐学善学

学生能积极参与课堂互动、小组讨论等活动。

四、单元课程目录

第 1 课　走进山中万物（2 课时）

第1课 走进山中万物（2课时）

一、教学目标

1. 在教师引导下，学生能遵守户外课堂约定，有序开展户外探索活动。

2. 通过教师引导和自由探索，学生能调动感官观察动植物之外的其他自然事物和现象。

3. 通过户外探索和教师示范，学生能对自然事物提出感兴趣的问题。

4. 在组内交流中，学生能做到有序分享自己感兴趣的问题。

二、教学重难点

学生能积极、有序地参与户外探索活动，能提出自己感兴趣的关于自然事物的问题。

三、教学建议

1. 在开展户外活动前，教师先和学生明确户外课堂约定。

2. 户外活动中，教师可申请1名助教同行，协助维持纪律。

3. 户外活动中，如有学生不能遵守户外课堂约定，教师应及时指出，对于表现好的学生给予表扬，逐渐培养学生良好的户外活动规则意识和习惯。

四、教学准备

1. 物料：防蚊虫用品（比如花露水）；彩笔，每组1～2盒。

2. 活动场地：教师在学校附近的山林田野中，选择适合开展户外教学活动的区域（视野开阔、无安全隐患、可以坐下/围坐、阴凉）。提前踩点，预估出学生往返时间，合理规划教学时长。如果走出学校的条件不成熟，可选择在校内适合区域，进行户外教学活动。如果不具备户外教学条件，教师可从多角度拍摄山中各种事物，将图片呈现给学生。

3. 关注天气：如果天气炎热，教师可选择上午上此课。

五、教学内容

本次课共4个环节，分别是“上节课回顾”“自然事物再发现”“我对自然有好奇”“本节课总结”课程时长80分钟（2课时）。

环节一：上节课回顾（5分钟）

1. 齐诵《乡土开课辞》。

2. 教师组织学生回顾课堂规则、户外课堂约定。

3. 教师组织学生回顾上节课主要内容。

环节二：自然事物再发现（35分钟）

（一）目标

学生有序开展户外活动，调动感官发现自然中除动植物之外的其他事物和现象，为后续开展课程做好铺垫。

（二）步骤

1. 教师引入：本学期的主题还是“山中万物”，请同学们说一说，你觉得“山中万物”除了动物、植物，还有什么呢？这节课，我们将走出教室，再次感受和发现。

2. 思考与互动：在户外我们要遵守哪些约定？

3. 教师组织回顾户外课堂约定及违反约定的处罚办法。

户外课堂约定：不远跑，爱花草；有问题，找老师；排好队，看脚下；点人数，及时报；低声走，听指挥。

处罚办法：若个别同学违反约定，先提醒；每提醒1次，该同学暂停活动3～5分钟；若一位同学被暂停超过3次，则取消其下次外出机会；若班级整体秩序差，则暂停本次户外课或取消下次户外课。

4. 教师组织学生阅读“探索手册”中的本课内容，明确任务。

5. 教师说明活动区域。

6. 教师组织各小组排队并去户外。

【提示】请学生轻声收好凳子，带好“探索手册”、笔、橡皮，分小组排好队；请组长整队，等全体安静后，各小组依次跟随老师，有序前往户外活动地点。

7. 教师组织学生围在教师周围安静地听引导。

（1）看：除了植物、动物，你还看到了什么？

（2）听：闭上眼睛，除了动物发出的声音，你还听到了什么声音？

（3）闻：闭上眼睛，除了植物的味道，你还能闻到什么味道？

（4）感：闭上眼，伸出手，你能感受到什么？

【提示】开展以上活动时，学生可以站着，也可以坐下或躺下。

8. 教师介绍任务和规则：自由发现万物。

（1）用小眼睛、小手、小耳朵、小鼻子，自由探索发现有趣的事物。

（2）在指定的范围内以小组为单位开展活动。

（3）记录有趣的、特别的、之前没有注意过的除了动物和植物之外的自然事物或现象。

（4）音量为“2”，时长10分钟。

9. 教师组织学生安全地自由探索发现。

10. 思考与互动。

（1）你有什么特别的发现？

（2）沉浸在自然中时，你的心情和感受是怎样的？

【提示】教师要鼓励学生勇敢、完整地表达，内容无对错之分。

11. 教师组织学生分享。

12. 教师总结。

【参考】

除了各种植物和动物，我们身边还有大山、太阳、蓝天与白云、土、石头……除了动物的声音，还有被风吹动树叶发出的沙沙声、哗啦啦的水流声……这些声音提醒我们，风在周围，水在周围。我们还感受到了风吹过脸颊和手后的凉爽。

除了动物和植物，我们周边还有这么多的事物呢！它们都是自然事物，是在自然界中本就存在的事物。

自然事物还包括我们此时此刻眼睛看不到的，比如月亮和星星。

13. 思考与互动：还记得我们上学期所学的《万物歌》吗？

14. 教师介绍并组织学生一起诵读《万物歌》。

风起云涌天地宽，日月星辰照世间；山川秀丽水潺潺，禾苗茁壮瓜果鲜。

蜜蜂勤劳采花蜜，蜻蜓点水舞轻盈；蚂蚁排队忙不停，蝴蝶翩翩花间行。

金土火水相交融，草木葱茏竹林密；良田肥沃谷满仓，菜蔬豆果满桌香。

15. 教师组织学生在“探索手册”上圈一圈除了动植物之外的其他自然事物。

16. 教师组织学生以小组为单位有序回到教室。

【提示】学生表达心情、感受的环节和“圈一圈”的环节，可以在户外开展也可以等全体回到教室后再开展。

环节三：我对自然有好奇（35分钟）

（一）目标

结合户外的发现和感受，学生能提出自己感兴趣的关于新学的自然事物的问题。

（二）步骤

1. 教师引入：我们刚才认识了许多自然事物，你有什么好奇或感兴趣的吗？有好奇心、会提问题，都是重要的学习能力，也是爱动脑筋、会动脑筋的表现哦！

2. 教师介绍任务及规则：我会提问题。

（1）提出感兴趣的关于太阳、月亮、云、风、水、土的问题。

（2）每种事物可以提 1 ~ 2 个问题，记录在“探索手册”上。

（3）音量为“1”，时长 10 分钟。

3. 教师示范：如何提问题。

（1）太阳：太阳为什么总是那么热呢？太阳晚上去哪里了，它也需要睡觉吗？

（2）月亮：月亮为什么有时像小船，有时像大圆盘？月亮为什么晚上才出来，它白天在做什么？

（3）云：云为什么可以飘在天上，它们不会掉下来吗？云朵是什么味道的，它们可以吃吗？

（4）风：风是从哪里吹来的？风是怎么形成的？它有家吗？

（5）水：水为什么可以变成冰？我们为什么要喝水？

（6）土：土是怎么形成的？它们是不是从天上掉下来的？为什么不同的土的颜色会不一样？

4. 教师组织学生在“探索手册”上写下自己感兴趣问题。

5. 教师介绍任务及规则：组内交流。

（1）音量为“2”，时长 10 分钟。

（2）小组内相互交流提出的问题。

（3）先围绕太阳，轮流提出问题；再围绕月亮，轮流提出问题；以此类推，到最后围绕土，组内轮流提出问题。

（4）遵守合作学习约定：“轮流发言”“专注倾听”。

轮流发言	
该怎么做？	该怎么说？
一次只有一个人发言	组员：我想知道太阳为什么总是那么热呢？ 组长：轮到你发言了

（续表）

专注倾听	
该怎么做？	该怎么说？
①看着发言的人，微笑或点头表示听懂 ②不打断别人的发言	—（保持音量为“0”）

6. 教师组织示范：教师选择一个小组，带领该组组长和组员，向全班同学示范“轮流发言”“专注倾听”。

7. 教师组织小组有序交流问题。

8. 教师总结：同学们提出了这么多有趣、好玩的问题，我们先把这些问题记录在“探索手册”上。这个学期，我们就要来学习了解这些自然事物，来解决同学们的疑惑。也欢迎同学们课后阅读相关的图书，尝试用自己的力量探索明白。等这个学期学完之后，再来看看这些问题是否被解答了。

【提示】教师可将学生们提出的问题拍摄记录，并按照问题主题进行整理，然后通过各种渠道查找、弄清这些问题的答案，在上对应主题课的时候，回应学生问题。

环节四：本节课总结（5分钟）

1. 教师总结今日所学。

2. 教师组织学生填写“探索手册”中对应课程的“今日收获”。

六、参考板书

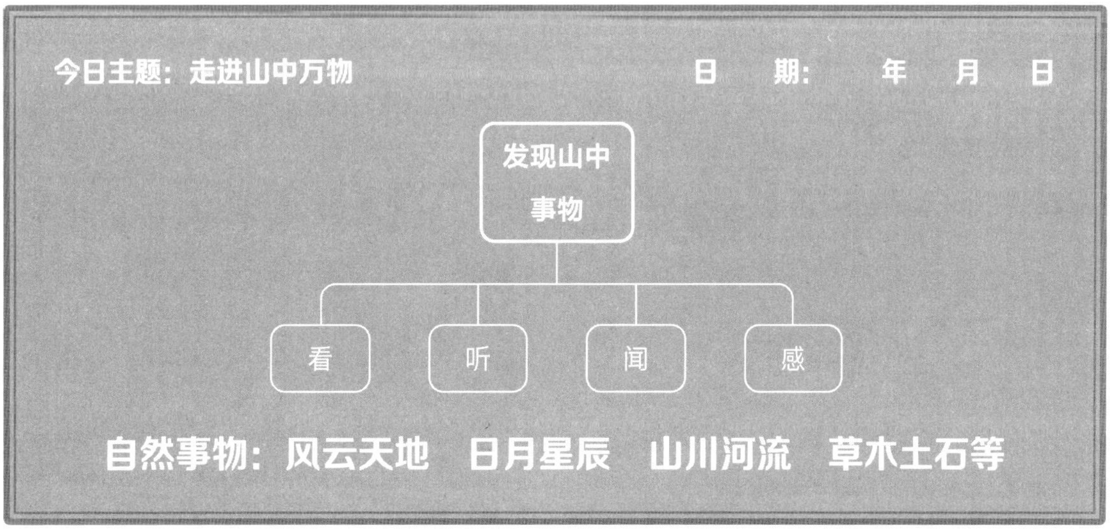

第二单元 认识日月风云

一、单元设计思路

“认识日月风云”是“山中万物”主题下学期的第二个单元。

上个单元，我们走进山中万物，以观察的眼光看到身边存在的各种自然事物。本单元将主要围绕日、月、风、云展开学习。日、月、风、云都有什么特征？它们有什么作用？对山中动植物有什么影响？这个单元，教师将带领学生通过户外观察、自主探究、小组讨论、艺术创作、游戏等活动，寻找其中的答案。

二、跨学科设计

本单元涉及语文、科学、道德与法治、美术四门学科。

三、单元目标

（一）勇于探究

1. 在观察探索活动中，学生能提出关于自然事物的感兴趣的问题。

2. 依据已有的经验，学生能对问题做出简单猜想，利用多种感官或简单的工具，得出结论。

（二）审美情趣

1. 学生能从不同的角度欣赏他人作品且进行表达。

2. 学生能用不同工具，发挥创意，对所学事物进行艺术表现。

（三）沟通合作

1. 在小组讨论中，学生能使用“轮流发言”“专注倾听”“分工明确”“举手表决”等合作学习约定。

2. 学生尝试落实各自角色的职责，完成组内分工任务。

3. 遇到困难时，学生尝试按照求助顺序向他人求助或帮助他人。

（四）自信分享

1. 学生能按照分享规则，上台分享观察、感受、创作成果、小组结论等内容。

2. 学生能围绕既定主题进行分享，用清晰的语言表达观点、介绍作品等。

（五）乐学善学

1. 学生能积极参与课堂互动、小组讨论、艺术创作等不同类型的活动。

2. 学生能绘制至少包含三级主题的单元“气泡图”，对单元内容进行梳理和回顾。

3. 学生能利用“我的单元成长档案”进行自我评价和小组互评，培养自我和小组的反思意识。

四、单元课程目录

第 2 课　光芒炽热的太阳（2 课时）

第 3 课　千姿百态的月亮（2 课时）

第 4 课　无影无踪神秘风（2 课时）

第 5 课　多姿多彩天上云（2 课时）

五、相关概念

千姿百态：形容姿态多种多样，各不相同。

多姿多彩：形容颜色和形态多种多样。

第2课 光芒炽热的太阳（2课时）

一、教学目标

1. 通过阅读绘本故事《挂太阳》，结合体验感受、生活经验，学生能说出太阳发光、发热的特点。

2. 通过教师讲解，结合生活经验，学生能举例说出太阳对山中万物的作用，初步理解太阳和山中万物的关系。

二、教学重难点

1. 教学重点：学生能说出太阳发光、发热的特点。

2. 教学难点：学生能举例说出太阳对山中万物的作用。

三、教学建议

教师根据太阳发光、发热的特点分别引导学生认识太阳的特点。

四、教学准备

1. 工具：彩笔，每组 1 ~ 2 盒。

2. 绘本：《挂太阳》（纸质图书、电子图书皆可）[1]。

3. 儿童画：以“太阳”为主题的儿童画[2]。

4. 问题清单：在“走进山中万物”一课，学生提出的关于太阳的问题及答案。

---

1 网络搜索关键词“公众号　绘本故事　挂太阳”可获取电子图书，使用的电子图书需于课前放入课件中。

2 网络搜索关键词“太阳画　儿童画”可获取。

五、教学内容

本次课共 5 个环节，分别是“上节课回顾”“读故事”“太阳的作用大”“我给太阳画像”“本节课总结”，课程时长 80 分钟（2 课时）。

环节一：上节课回顾（5分钟）

1. 齐诵《乡土开课辞》。

2. 教师组织学生回顾课堂规则、户外课堂约定。

3. 教师组织学生回顾上节课主要内容。

环节二：读故事（25分钟）

（一）目标

通过阅读绘本故事并结合生活经验，学生能认识太阳发光、发热的特点。

（二）步骤

1. 教师引入：在我们这个美好的世界里，各种动物和植物都快乐地生活着。一颗颗小种子正在土壤里蓄积着力量，准备生根发芽。突然有一天，天不再亮了，世界变得又冷又黑，到处都结起了冰碴子，动物和植物们都害怕起来，这是发生了什么事?

2. 教师组织学生共读绘本《挂太阳》。

（1）读封面：请学生观察封面图片，猜一猜这本书讲了一个什么故事。

（2）完整播放一遍故事音频。

（3）逐页讲读绘本，并在关键情节页引导提问。

【教师引导参考】

①狐狸、兔子、刺猬、大象谁踢得最高呢？结果怎么样了呢？

②小刺猬、小兔子、小狐狸分别提出了什么办法解决问题？

③四位动物朋友找到太阳了吗？

④故事的最后怎么样了呢？太阳回到天空了吗？怎么回去的？有太阳和没太阳，对大家有什么影响？什么能代替太阳？

⑤没有什么能代替太阳。如果没有太阳，世界将变得漆黑和寒冷，植物无法生长，动物无法存活，生命将很难存在。

3. 教师总结：太阳不断地发出光芒，给世界带来光明和热，它是生命的能量来源。接下来，我们也来感受下太阳的光和热吧!

4. 教师组织学生以小组为单位有序来到教室外，安静感受阳光 3 分钟。

5. 教师组织学生分别摸一摸阳光照射下的物体与背阴处的同类物体。

6. 教师组织学生分享感受。

【教师引导参考】如果当天为晴天，教师可引导学生摸一摸石头、墙壁、旗杆、栏杆等；如果当天为阴天，可请学生回忆日常生活。

7. 教师总结：太阳就像一个小火炉一样发热，无论什么季节，它都为世界带来温暖。

8. 思考与互动：是什么能让我们的眼睛看到各种事物？

9. 教师总结：太阳就像一个超级大的灯，它发出的光让我们能看到世界上的各种事物。

环节三：太阳的作用大（10分钟）

（一）目标

学生能说出太阳的作用，初步理解太阳与山中万物的关系。

（二）步骤

1. 思考与互动：想一想，太阳发出的光和热，对山里的动植物、对人类有什么作用呢？

2. 教师介绍任务和规则：太阳的作用大。

（1）音量为“2”，时长10分钟。

（2）小组内围绕太阳发光发热的特点，说一说太阳对动植物和人类的作用。

（3）遵守合作学习约定：“轮流发言”“及时点赞”。

轮流发言	
该怎么做？	该怎么说？
一次只有一个人发言	组员：太阳的光可以让山里的花儿开放；太阳的温暖让小动物们有活力；太阳的光和热让我们感到暖和 组长：轮到你发言了
及时点赞	
该怎么做？	该怎么说？
①竖起大拇指 ②微笑鼓掌	①你说得很棒 ②你说得很对 ③这个说法很好

3. 教师示范：“轮流发言”“及时点赞”。

【提示】教师选择一个小组，带领该组向全班同学示范该如何“轮流发言”“及时点赞”。

4. 教师组织小组开展组内活动。

5. 教师总结：太阳的作用真大！可以让植物生长、给动物带来温暖、让人类可以看见周围的事物。总之，我们这个美丽的世界，离不开太阳。

环节四：我给太阳画像（35分钟）

（一）目标

学生参考示例儿童画或发挥想象力，能画出心目中的太阳形象，并能遵守分享规则向全班展示。

（二）步骤

1. 教师引入：我们经常把太阳叫做“太阳公公”。在你心中，太阳长什么样子呢？它是一位老爷爷吗？用画笔画出你心中的太阳吧！

2. 教师介绍任务及规则：我给太阳画像。

（1）创作一幅以太阳为主题的图画。

（2）充分发挥自己的想象，画出自己心目中的太阳。

（3）音量为“1”，时长 15 分钟。

3. 教师出示：“太阳”主题示范画。

4. 教师组织学生创作。

【教师引导参考】

①你心目中太阳是一位老爷爷还是位小朋友，还是其他？

②你心目中太阳是什么颜色的？

③请想象它有什么样的表情？

④你想用什么形状表现它的光和热？

5. 教师介绍任务和规则：分享我的太阳画像，音量为“3”。

6. 教师示范分享：这是我心中的太阳，它有一双亮晶晶的大眼睛和微笑的嘴巴，它茂密的红头发代表了它发出的光和热。谢谢大家！

7. 教师组织学生自愿上台分享作品，并给予鼓励性点评。教师也可以请学生从分享人作品的色彩、创意性等方面进行欣赏评价。

8. 教师总结：（根据学生画作情况进行）同学们的想象力真丰富呢！

环节五：本节课总结（5分钟）

1. 教师回应学生在“走进山中万物”一课提出的关于太阳的问题，并鼓励学生继续提关于太阳的问题。

2. 教师总结今日所学。

3. 教师组织学生填写“探索手册”中对应课程的“今日收获”。

六、参考板书

今日主题：光芒炽热的太阳　　　　日　期：　年　月　日

太阳给大地带来光明和热，是动物和植物等生命的能量来源

- **太阳的作用大**
  - 太阳的光可以让花儿生长和开放
  - 太阳让水变成云
  - 太阳给小动物们带来温暖和光明

第3课 千姿百态的月亮（2课时）

一、教学目标

1. 通过阅读绘本故事和教师讲解，学生知道月亮在一个月中的形状是不断变化的。

2. 通过“交朋友”的活动，学生能理解月亮和山中事物之间的关系。

3. 通过参考示范画，学生能发挥想象力，画出各种形状、颜色、表情的月亮。

二、教学重难点

1. 教学重点：学生能理解月亮和山中事物之间的关系。

2. 教学难点：学生理解月相。

三、教学建议

通过绘本故事开始理解月亮的变化，同时结合生活实际，教师进行简单的科普。

四、教学准备

1. 工具：彩笔，每组 1 ~ 2 盒。

2. 绘本：《月亮的秘密》（纸质版、电子版皆可）[1]。

3. 儿童画：以“月亮”为主题的儿童画[2]。

4. 问题清单：在“走进山中万物”一课，学生提出的关于月亮的问题及答案。

---

1 电子版可网络搜索关键词“公众号　绘本故事　月亮的秘密”获取，使用的电子图书需于课前放入课件中。

2 网络搜索关键词“月亮创意画　儿童画”即可获得。

五、教学内容

本次课共 5 个环节，分别是“上节课回顾”“读故事”“我和月亮‘交朋友’”“画画千姿百态的月亮”“本节课总结”，课程时长 80 分钟（2 课时）。

环节一：上节课回顾（5分钟）

1. 齐诵《乡土开课辞》。

2. 教师组织学生回顾课堂规则。

3. 教师组织学生回顾上节课主要内容。

环节二：读故事（25分钟）

（一）目标

通过绘本故事以及结合实际，学生认识月亮形状变化的规律，开始知道“月相”。

（二）步骤

1. 教师引入：当太阳休息了，夜幕降临，大山里的动物植物都休息了吗？蛐蛐儿在“蛐蛐”地叫着，鸟儿静静地立在枝头，它们没有休息，是在等谁吗？——等月亮出来。

2. 思考与互动：月亮在天上有时候会变化形状，你注意到了吗？

3. 教师总结：月亮会有各种不同的形状。你对夜空中不断变化的月亮形状充满好奇吗？小松鼠、小猫、小猪、孔雀、猴子这五个山里的好朋友也对月亮的变化充满好奇。让我们跟随它们，一起去发现月亮的秘密吧！

4. 教师组织学生共读绘本《月亮的秘密》。

（1）读封面：请学生仔细观察封面图片上有什么，有几个小动物。

（2）完整地播放一遍绘本内容或绘本音频。

（3）第二遍精读绘本，在关键情节页引导学生观察和思考：（小猫页）请学生和小猫一起做一做这两个动作。想一想，月亮伸懒腰的时候，我们看到的月亮是什么形状？月亮蜷成团的时候，我们看到的月亮是什么形状？（小猪页）月亮吃多了，变得圆鼓鼓的时候，我们看到的月亮是什么形状的呢？（到了天上那页）几位好朋友到了天上，它们发现了月亮什么秘密呢？

5. 教师总结绘本故事：天上有很多不同形状的月亮，它们会按照时间排好队，轮流照亮天空。

6. 思考与互动：小动物们都把月亮做成了自己的喜欢的东西。如果你有一个月亮，你想把它变成什么呢？

【提示】鼓励学生积极发言，言之成理即可。

7. 教师出示：月相介绍资料。

8. 教师总结：一个月中，我们眼中的月亮每一天的形状都不相同，月亮的这种变化，我们称之为

“月相”。每一个月刚开始的时候，我们看到的月亮总是细细的、弯弯的，然后逐渐变得越来越粗，最后变成一轮“圆月”。接下来又会逐渐变瘦，瘦成细细弯弯的月亮。月相是由于月亮绕着地球转，而地球又绕着太阳转，导致我们从地球上看到的月亮被太阳照亮的部分不断变化而形成的。

环节三：我和月亮“交朋友”（10分钟）

（一）目标

通过“交朋友”的活动，学生理解月亮和山中事物之间的关系。

（二）步骤

1. 教师引入：月亮在黑夜照亮我们回家的路，有月亮的夜晚显得格外安宁舒适，你喜欢月亮吗？

2. 教师介绍任务及规则：我和月亮“交朋友”。

（1）想象自己是一种自然事物，比如太阳、大山、鬼针草、蚂蚁等。

（2）写一写：为什么想和月亮交朋友，请用“我是……我想和月亮交朋友，因为……”的句式。

（3）音量为“1”，时长5分钟。

3. 教师示范：我和月亮“交朋友”

【参考】

我是大山，我想和月亮交朋友，因为月亮像一个大大的灯笼，挂在我头顶上，照亮了我的轮廓，让我看起来更神秘。

我是大树，我想和月亮交朋友，因为月亮像老朋友一样，每天晚上陪伴着我。

我是蚂蚁，我想和月亮交朋友，因为根据月亮不同的形状，我可以判断时间。

4. 教师组织学生在“探索手册”上创作。

5. 教师组织小组代表分享。

【提示】鼓励学生勇敢发言，强调没有对错之分，同时给予分享人正向反馈。

6. 思考与互动：听完大家的分享，你发现了什么？

7. 教师总结：自然事物也离不开月亮呢！太阳和月亮分别在白天和黑夜陪伴山里的动物、植物和其他事物，给大家带了光明和美好……

环节四：画画千姿百态的月亮（35分钟）

（一）目标

学生能发挥自己的想象力，画出各种形状、颜色、表情的月亮。

（二）步骤

1. 教师引入：我们眼中的月亮每天都不一样，你最喜欢什么样的月亮呢？

2. 思考与互动。

（1）每个人心中的月亮可以有不同的颜色吗？

（2）月亮可以有不同的形状吗？

（3）月亮可以穿着不同款式和不同颜色的衣服吗？

（4）月亮可以有各种表情吗？

（5）请用自己的话说一说“千姿百态的月亮”是什么意思？

3. 教师小结：月亮在不同时间呈现出的不同形状，是非常美丽的景象。我们可以想象月亮的颜色、月亮的表情以及月亮的形状都可以随心所欲地变化，所以叫做“千姿百态的月亮”，“千”和“百”在这个词语中都代表多的意思。

4. 教师介绍任务及规则：画画千姿百态的月亮。

（1）创作一幅以“千姿百态的月亮”为主题的图画。

（2）充分发挥自己的想象力，画出自己心目中的各种各样的月亮。

（3）音量为“1”，时间为 20 分钟。

5. 教师出示：“月亮”主题儿童画示范。

6. 教师组织学生创作。

7. 教师组织各小组代表上台分享自己的作品。

【提示】教师对分享的同学给予鼓励性点评。教师也可以请学生从分享人作品的色彩、创意性等方面进行欣赏评价。

8. 教师总结：同学们都特别有想象力，画的月亮还真是千姿百态呢！

环节五：本节课总结（5分钟）

1. 教师回应学生在“走进山中万物”一课提出的关于月亮的问题，并鼓励学生继续提关于月亮的问题。

2. 教师总结今日所学。

3. 教师组织学生填写“探索手册”中对应课程的“今日收获”。

六、参考板书

今日主题：千姿百态的月亮　　　　日　期：　　年　　月　　日

月相：一个月中，月亮每一天的形状都不一样，时圆时缺的现象

第4课 无影无踪神秘风（2课时）

一、教学目标

1. 通过调动多种感官，学生能发现、感受风，初步认识风“看不见，但无处不在”的特点。

2. 在“轮流发言”“分工明确”的合作学习约定中，小组分工完成“造风”的任务。

3. 结合生活经验、“探索手册”中的提示以及教师讲解，学生能说出风的形成，掌握判断风强弱的简单方法并说出风的作用。

二、教学重难点

风的特点、形成原因，判断风的强弱，风的作用。

三、教学建议

教师可引导学生结合自己的生活经验，来认识风的特点。

四、教学准备

1. 材料：塑料袋（干净且不漏风）、纸板、气球，每个小组1套。

2. 视频：以“风的形成”为主题的科普视频[1]。

3. 问题清单：在“走进山中万物”一课，学生提出的关于风的问题及答案。

4. 其他：带学生在校园内感受风即可，如果当天没有风，可请同学们观看视频并结合自己的经验说一说。

---

1 网络搜索关键词“风是如何形成的”即可获得。

五、教学内容

本次课共 5 个环节，分别是“上节课回顾”“寻找山中风”“一起来造风”“初探风的秘密”“本节课总结”，课程时长 80 分钟（2 课时）。

环节一：上节课回顾（5分钟）

1. 齐诵《乡土开课辞》。

2. 教师组织学生回顾课堂规则、户外课堂约定。

3. 教师组织学生回顾上节课主要内容。

环节二：寻找山中风（35分钟）

（一）目标

学生能调动多种感官，发现、感受风，初步认识风无处不在的特点。

（二）步骤

1. 教师引入：在我们身边，有一位神秘的朋友，你看不见它，但能听见它；小树见了它要招手，禾苗见了它要弯腰，花儿见了它要点头。你知道它是谁吗？——它就是风。本次课，我们将一起寻找风、认识风。

2. 教师介绍任务和规则：寻找风。

（1）以小组为单位外出寻找风的踪迹。

（2）遵守合作学习约定：“多方求助”“积极助人”。

多方求助	
该怎么做？	该怎么说？
①接受帮助 ②按求助顺序求助：工具书→组员→组长→其他小组→老师	①可以帮帮我吗？ ②我需要协助
积极助人	
该怎么做？	该怎么说？
①帮助别人 ②相互交流	①你需要帮忙吗？ ②我来帮你

【提示】此合作学习约定，如学生已经会用，则不用示范。如需要示范，教师选择一个小组，带领该组组长和组员做一遍上表的动作和语言，给全班同学示范该如何“多方求助”“积极助人”。

3. 思考与互动：在户外开展活动，要遵守哪些规则才能保证良好的秩序？

4. 教师组织学生回顾户外课堂约定及违反约定的处罚办法。

户外课堂约定：不远跑，爱花草；有问题，找老师；排好队，看脚下；点人数，及时报；

低声走，听指挥。

处罚办法：若个别同学违反约定，先提醒；每提醒1次，该同学暂停活动3～5分钟；若一位同学被暂停超过3次，则取消其下次外出机会；若班级整体秩序差，则暂停本次户外课或取消下次户外课。

5. 教师介绍活动场地。

【提示】校园内或者校园外开阔的地方。

6. 教师组织学生带好自己的“探索手册”、笔，以小组为单位有序前往指定场地。

7. 教师组织学生开展活动：音量为“0”，利用听觉、视觉、嗅觉，安静地感受风、寻找风。

（1）闭上眼睛感受风，风在哪里？

【参考】当我们感觉脸上和身上一阵阵凉爽的时候，风就在我们身边。

（2）睁开眼睛看一看，风在哪里？

【参考】当树叶摇晃的时候，风正穿过大树。

（3）竖起耳朵听一听，风在哪里？

【参考】当听到“呼呼呼”或“沙沙沙”时，风就在不远处。

（4）仔细闻一闻，风在哪里？

【参考】当我们闻到花香时，风就在花附近。

【提示】小组可单独行动，如有必要教师也可以集中引导；如果当天没有风，教师可以下载与风相关的视频在课上播放。

8. 教师组织学生集合，各组代表分享寻找到的风。

9. 教师总结：同学们用敏锐的眼睛、鼻子和耳朵发现了风的踪迹。虽然我们看不到它，但它无处不在。

10. 教师组织学生有序回到教室。

环节三：一起来造风（15分钟）

（一）目标

使用“轮流发言”“分工明确”的合作学习约定，小组完成探究任务。

（二）步骤

1. 教师引入：风无处不在，它从哪里来？为什么会时大时小？有时又找不着？

2. 思考与互动。

（1）你知道风是如何形成的吗？

（2）你会判断风的大小吗？怎么判断？

（3）你会判断风的风向吗？怎么判断？

【提示】鼓励学生大胆猜测。

3. 教师介绍任务及规则：造风小实验。

（1）音量为“2”，时长15分钟。

（2）小组讨论：如何利用塑料袋、气球、硬纸板造风。

（3）在“探索手册”上做好记录。

（4）遵守合作学习约定：“轮流发言”“分工明确”。

轮流发言	
该怎么做？	该怎么说？
一次只有一个人发言	我认为可以先往塑料袋里吹气，将袋口捏紧。然后用手挤压塑料袋，同时放开捏塑料袋口的手，这样就可以产生风
分工明确	
该怎么做？	该怎么说？
听从组长的分工安排	组长：你们两人一组，尝试用气球造风；你们两人一组，尝试用塑料袋造风

【提示】此合作学习约定，如学生已经会用，则不用示范。如需要示范，教师选择一个小组，带领该组向全班同学示范该如何“轮流发言”“分工明确”。

4. 教师组织小组代表分享自己造风试验的方法和结果。

5. 教师总结：造风方法真是多样呀！

6. 思考与互动：你还知道哪些利用周围的物品或身体部位造风的方法？比如我们拍手的时候，手快速地合在一起然后分开，就能感觉到一点风。

【提示】鼓励学生勇敢表达，教师及时给予分享的同学肯定、鼓励的正向反馈。

环节四：初探风的秘密（20分钟）

（一）目标

结合生活经验、“探索手册”的提示以及教师讲解，学生了解风的形成、掌握简单判断风力大小的方法以及风的作用。

（二）步骤

1. 教师引入：结合刚才的活动和大家分享的造风方法，你认为风是怎么形成的？

2. 教师播放视频：《风是如何形成的》。

3. 教师小结：原来，风是因为空气流动形成的。

4. 思考与互动：你会判断风的大小吗？

5. 教师示范：我们经常看到国旗飘扬，如果国旗只是轻微的飘动，没有明显的摆动，那就说明风比较小；如果国旗摆动猛烈，甚至有时候看起来像是要脱离旗杆了，那就说明风很大。

6. 教师组织学生自由发言。

7. 教师小结：风还有不同的强度，我们在天气预报中会听到主持人说风力 2 级或 5 级，级别就代表风的强度，最小是 0 级，最大为 12 级。我们可以借助身边事物大致判断风的强度大小。

8. 思考与互动：你知道风有什么作用吗？

9. 教师组织学生阅读“探索手册”中的相关内容。

10. 思考与互动：日常生活中，风还有哪些作用呢？

11. 教师总结：风可以吹干衣服、帮助船航行、传播花粉和种子，还可以在夏天给山里的生命带来凉爽……（结合同学们所说总结）人和动植物都离不开风。但是如果风过强，也会带来破坏，比如飓风、台风等可以吹塌房屋、吹倒轮船、吹倒大树等。

环节五：本节课总结（5分钟）

1. 教师回应同学们提出的关于风的问题，并鼓励学生继续提关于风的问题。

2. 教师总结今日所学。

3. 教师组织学生填写“探索手册”中对应课程的“今日收获”。

六、参考板书

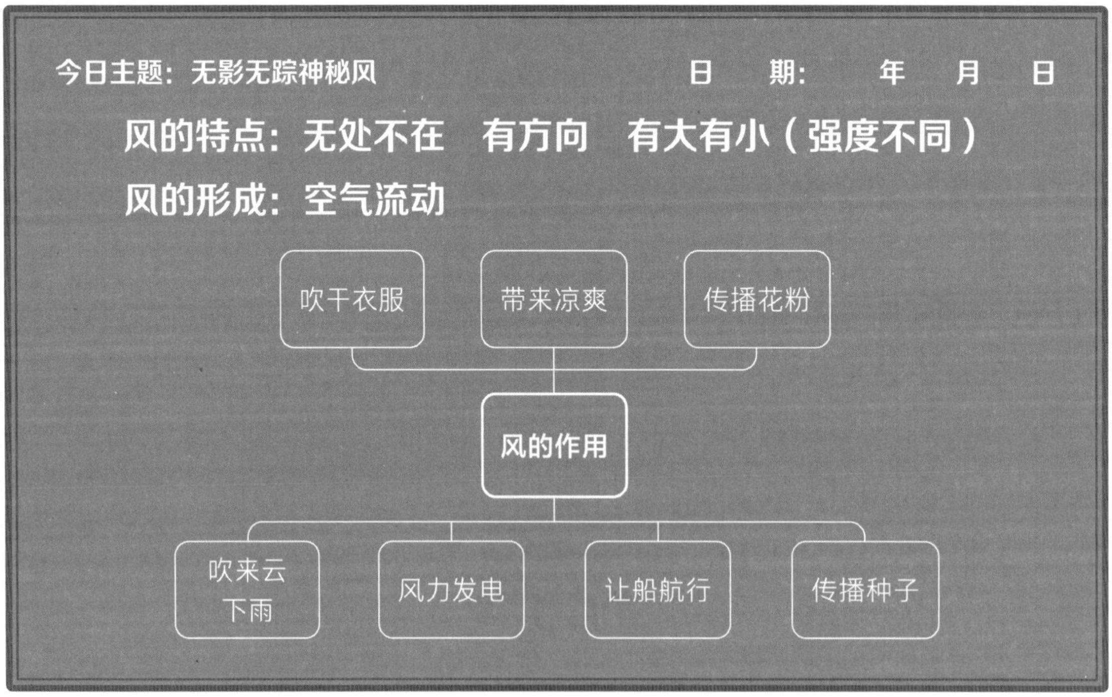

第5课 多姿多彩天上云（2课时）

一、教学目标

1. 在户外观察活动中，学生能描述和记录云的颜色与形状，初步认识云“多姿多彩”的特点。

2. 通过教师引导和参考示范画，学生能发挥想象力和创造力，画一幅体现云多姿多彩特点的画。

3. 在教师引导下，学生能绘制至少包含三级主题的单元“气泡图”，对单元内容进行梳理和回顾。

4. 通过使用“我的单元成长档案”，学生能进行自评和小组互评，培养反思意识。

二、教学重难点

学生会观察、记录云的颜色和形状。

三、教学建议

如果天气情况不允许，教师可以提前在网络搜集各种形状和颜色的云的照片。

四、教学准备

1. 工具：彩笔，每组 1 ~ 2 盒。

2. 观云地点：操场、走廊皆可。若因各种客观条件不能观察云，教师可以提前在网络搜集各种云的图片，在课上展示。

3. 视频：《云是怎么形成的》[1]。

4. 示范画：以“云”为主题的儿童示范画[2]。

---

1 网络搜索关键词可获得。

2 网络搜索关键词“云 儿童画”即可获得。

五、教学内容

本次课共 5 个环节，分别是“上节课回顾”“户外观察云”“画画多姿多彩的云”“共绘单元‘气泡图’”“我的单元成长档案”，课程时长 80 分钟（2 课时）。

环节一：上节课回顾（5分钟）

1. 齐诵《乡土开课辞》。

2. 教师组织学生回顾课堂规则、户外课堂约定。

3. 教师组织学生回顾上节课主要内容。

环节二：户外观察云（20分钟）

（一）目标

在有序的户外观察中，学生初步认识云的特点。

（二）步骤

1. 教师引入：夏天，当我们感觉到很热很晒的时候，总是盼着来点儿凉爽的风、下点儿雨，给空气降降温；还会盼着什么来遮住明晃晃的大太阳？对，是云！

2. 思考与互动：你都见过什么形状、什么颜色的云？今天，我们一起观察云、认识云。

3. 教师介绍任务及规则：观察云。

（1）以小组为单位观察云。

（2）在自己的“探索手册”上做好记录。

（3）遵守户外课堂约定。

4. 教师组织学生阅读“探索手册”上的相关内容。

5. 教师介绍观察云的活动区域。

6. 教师组织学生以小组为单位到指定观察地点，引导学生观察云。

【教师引导参考】

①云是什么颜色的？

②云是什么形状的？如果说不出，可以打比方，比如这朵云像一只兔子。

③这朵云和其他的云有什么不同？

④如果能摸一摸云，你觉得会是什么感觉？想象一下吧！

7. 教师组织学生观察、记录。

8. 教师组织全体学生在观察活动结束后，有序回到教室。

9. 教师组织学生代表分享自己的观察发现。

10. 教师介绍不同形状和颜色的云。

11. 思考与互动：通过观察图片中的云，你有什么发现？

12. 教师根据同学们的发言总结：云有白色、灰色，还有彩色的；云，有时是一团团的，有时又是长条的，有时是一片片的；有的云像小动物，有的像棉絮，有的像羽毛，多姿多彩！如果能摸一摸，我觉得云应该是软绵绵的。

13. 思考与互动：猜猜看，云是怎么形成的，云里有什么呢？

14. 教师播放视频：《云是怎么形成的》。

15. 教师总结：云是由小水珠组成，所以云里有水，水从云中落下就形成了降雨。雨又滋润了山中万物。云是山中不可或缺的自然事物。

环节三：画画多姿多彩的云（15分钟）

（一）目标

通过教师引导，学生能发挥想象力和创造力，画一幅体现云多姿多彩特点的画。

（二）步骤

1. 教师引入：今天认识了不同颜色、不同形状的云，你最喜欢哪一种？请画一画吧！

2. 教师介绍任务及规则：画云。

（1）可以画一朵云，也可以画很多朵云或一大片云。

（2）音量为“1”，时间为 15 分钟。

3. 教师介绍画云的步骤。

（1）用短弧线和较长的弧线画出云朵的轮廓。

（2）在云上添加一些元素，比如表情、手和脚、小水滴等。

（3）用油画棒或彩笔给云涂上自己喜欢的颜色。

（4）最后可以画上其他元素，比如彩虹、太阳、小花、小草等。

4. 教师出示：以“云”为主题的儿童示范画。

5. 教师组织学生自由创作。

【提示】

①会绘画的教师，可以现场带学生画；不会画的教师，可以按照画云的步骤引导学生画；也可以网络搜索关键词“儿童　云朵画”获取视频播给学生观看。

②因课堂时间有限，教师可以选其他时间组织学生分享画作。

环节四：共绘单元“气泡图”（20分钟）

（一）目标

在教师引导下，回忆单元所学，学生用“气泡图”呈现本单元的主要内容。

（二）步骤

1. 教师引入：随着这节课的结束，我们“认识日月风云”主题的学习就结束了，大家还记得期间我们学习了哪些内容，做了哪些活动吗？

2. 思考与互动：一个单元的结束，我们要画画这个单元的“气泡图”。“气泡图”要怎么画？

3. 教师介绍：用线段连接大小不同的圆圈，圆圈内可以写字也可以画图像，圆圈像泡泡一样，所以简称为“气泡图”。图中心的大气泡，就是中心主题。周围发散的较小的气泡，是中心主题之下的小主题。从中心主题发散出来的线条使用不同的颜色，不同的颜色区分不同的课堂主题。

4. 教师组织学生绘制单元“气泡图”[1]。

【提示】教师带二年级学生绘制的单元“气泡图”需要包含至少三级，即单元主题、课堂主题、课堂主要活动和活动中开展内容的关键信息。具体可以参考电子课件中的“气泡图”示范。课堂具体所学内容和开展的活动，教师可以带学生翻阅“探索手册”进行简单的复习。

环节五：我的单元成长档案（20分钟）

（一）目标

在教师引导下，学生能有序填写“我的单元成长档案”，完成自我评价和小组互评。

（二）步骤

1. 教师引入：现在，我们完成了“认识日月风云”单元的学习，同学们在学习中做得怎么样呢？我们一起来评一评吧！

2. 教师组织填写“我的单元成长档案”[2]。

【提示】考虑到课堂时间有限，教师可找其他时间带领学生完成“我的单元成长档案”。

---

1 “气泡图”的绘制方法，可参考本手册上册“植物生存有智慧”，见本书第 36 页。

2 “我的单元成长档案”的填写方法，可参考“植物生存有智慧”，见本书第 37 页。

六、参考板书

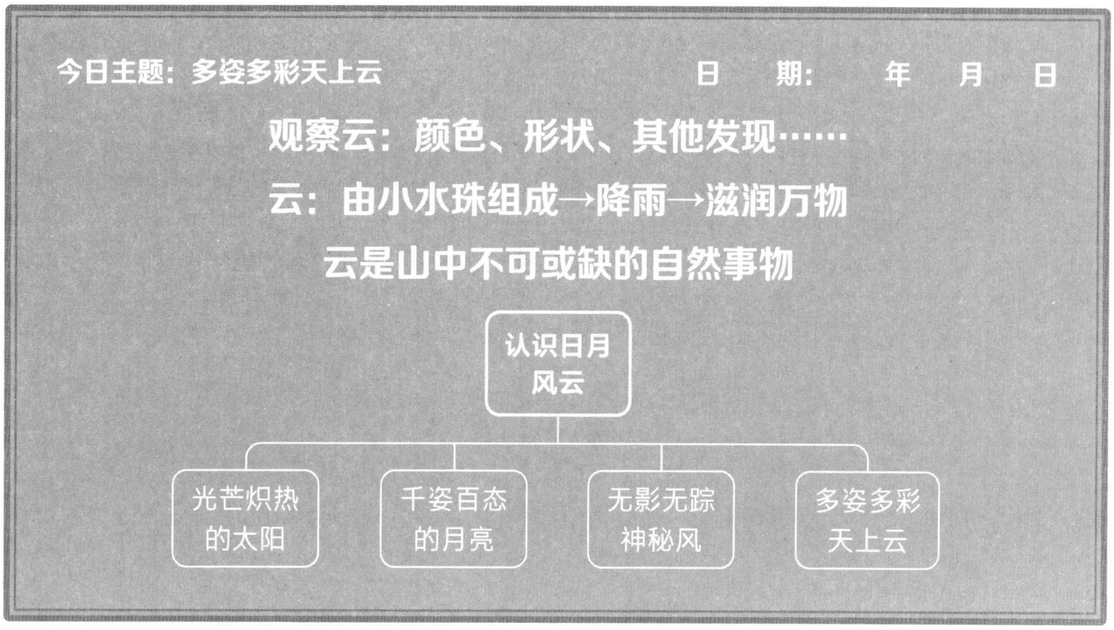
今日主题：多姿多彩天上云
日　期：　年　月　日
观察云：颜色、形状、其他发现……
云：由小水珠组成→降雨→滋润万物
云是山中不可或缺的自然事物
认识日月风云
光芒炽热的太阳
千姿百态的月亮
无影无踪神秘风
多姿多彩天上云

第三单元
滋养万物水和土

一、单元设计思路

“滋养万物水和土”是“山中万物”主题下学期的第三个单元。

我们知道日、月、风、云对动植物和人类很重要，其实常见的水和土也很重要。本单元，通过户外观察、自主探究、小组讨论、艺术创作、主题游戏等，教师继续带领学生一起认识和学习水、土的基本特征以及它们的重要作用，了解水、土与万物的关系，理解自然事物是相互关联、相互依存的，从而培养学生珍惜爱护水、土的意识。

二、跨学科设计

本单元课程涉及语文、科学、美术、综合实践四门学科。

三、单元目标

（一）勇于探究

1. 在观察探索活动中，学生能提出感兴趣的关于水和土的问题。

2. 依据已有的经验，学生能对问题做出简单猜想，利用多种感官或简单的工具，得出结论。

（二）沟通合作

1. 在小组讨论中，学生能使用“轮流发言”“专注倾听”“及时点赞”“分工明确”“举手表决”等合作学习约定。

2. 学生尝试落实各自角色的职责，完成组内分工任务。

（三）乐学善学

学生能积极参与课堂互动、小组讨论、艺术创作等活动。

（四）自信分享

1. 学生能按照分享规则，上台分享观察、感受、创作成果、小组结论等内容。

2. 学生能围绕既定主题进行分享，用清晰的语言表达观点、介绍作品。

（五）乡土认同

通过了解和学习关于水、土的奥秘，学生更了解家乡的自然环境，进而与家乡的自然事物建立起情感纽带。

（六）社会责任

通过观察实践、教师讲解，学生能理解水、土对人类、对世界的重要作用，培养学生珍惜和保护水、土资源的意识。

四、单元课程目录

第 6 课　滋润万物山间水（2 课时）

第 7 课　养育万物山中土（2 课时）

第6课 滋润万物山间水（2课时）

一、学习目标

1. 通过观察活动，学生能说出水的基本特征：透明的、会流动的、没有味道的。

2. 通过“发现藏起来的水”的活动，学生能了解动植物身体中的含水量，知道水的重要性。

3. 结合生活经验，学生能说出水的作用，理解水与万物的关系。

二、教学重难点

1. 教学重点：学生能说出水的基本特征。

2. 教学难点：学生理解水对万物的重要性。

三、教学建议

1. 通过体验活动，教师带学生直观地感受植物离不开水。

2. 通过教师讲解，教师带学生理解动物和人都需要水。

四、教学准备

1. 工具：透明玻璃杯或者试管，每组2个，上面标注好1号和2号。

2. 材料：校园里常见的不同种类的叶子，若干。

3. 水：稻田中的水，水井水、小溪水、山泉水、饮用水任选2种[1]。

4. 视频：以“山中暴雨、山洪”为主题的视频[2]。

---

1 如果因客观条件，找不到2种有区别的水，教师只准备1种水，请同学们观察即可。

2 网络搜索关键词“山 暴雨 山洪”等即可获得。

五、教学内容

本次课共5个环节，分别是“上节课回顾”“观察山间水”“藏起来的水”“水的作用大”“本节课总结”，课程时长80分钟（2课时）。

环节一：上节课回顾（5分钟）

1. 齐诵《乡土开课辞》。

2. 教师组织学生回顾课堂规则。

3. 教师组织学生回顾上节课主要内容。

环节二：观察山间水（35分钟）

（一）目标

通过观察常见的水，学生能说出水的基本特点。

（二）步骤

1. 教师引入：上次课我们知道了云是由水组成的，你知道水又有什么特点和作用吗？本次课，我们将一起走近水、认识水。

2. 思考与互动：我们在什么地方会看到水呢？

3. 教师介绍山中各种水。

4. 教师总结：大山中的水存在于各种地方，因为所在地方不同，水有了不同的名称，比如山泉水、水库水、小溪水、井水、湖水、河水、水田里的水、水渠中的水、水沟里的水……

5. 教师组织小组领取装有两种不同水、并标注序号1、2的玻璃杯或试管。

6. 教师介绍任务及规则：观察水。

（1）第一步：各组成员各自观察两种水并做好记录。

（2）第二步：组内讨论并判断两种水分别是山里的什么水。

（3）音量为“2”，时长10分钟。

（4）遵守合作学习约定：“轮流发言”“做好记录”。

轮流发言	
该怎么做？	该怎么说？
一次只有一个人发言	组员：我认为1号瓶中的水是山泉水，因为水很清澈 组长：轮到你发言了
做好记录	
该怎么做？	该怎么说？
①记录员记录 ②要点和结论	组员：我来做记录吧！ 组长：请你负责记录……可以吗？

【提示】此合作学习约定，如学生已经会用，则不用示范。如需要示范，教师选择一个小组，带领该组向全班同学示范该如何“轮流发言”“做好记录”。

7. 教师组织小组代表汇报本组观察的结果以及作出判断的理由。

8. 教师总结两种水的来源及主要特征。

【参考】水井里的水看起来更清澈，几乎看不到水里有其他东西；水田里的水中能看到一些青苔或植物的根，杂质较多。我们日常所见的水一般都是透明的、流动的、没有味道的，摸起来滑滑的、凉凉的。

环节三：藏起来的水（20分钟）

（一）目标

学生通过体验活动，观察植物中的水，并结合教师讲解，理解水无处不在，对生命十分重要。

（二）步骤

1. 教师引入：除了我们经常能看到的水，还有些水藏起来了。

2. 教师介绍任务和规则：比一比叶子的含水量。

（1）每组尝试用不同的方法（比如用手捏一捏或者用笔压一压）将叶子里的水挤出来，给叶子的出水量排序，并记录下来。

（2）音量为“2”，时长10分钟。

（3）遵守合作学习约定：“分工明确”。

分工明确	
该怎么做？	该怎么说？
听取组长的分工安排	组员：我来试试捏鬼针草的叶子 组员：你来捏捏千里光的叶子

3. 教师组织小组代表分享本组观察结果。

4. 教师总结：我们发现千里光、马兰草、鬼针草、桂花等叶子里都藏有水。水藏在了叶子里，说明水是植物身体的重要组成部分。

【提示】教师根据准备的叶子的实际情况进行总结。

5. 思考与互动 。

（1）植物能离开水、缺水吗？为什么？

（2）动物能离开水、缺水吗？为什么？

6. 教师出示：动物和人身体含水量图片。

7. 教师总结：植物、动物都离不开水。没有水，山里的生命都不能存活，水是生命之源。

8. 思考与互动：除了山中常见的水、动植物身体中的水，水还在哪里呢？

9. 教师总结：水分布于地球上的海洋、江河、冰川、大气中，水也在地下、在我们看不见的地方存在。无处不在的水滋养了动植物和人类。

环节四：水的作用大（15分钟）

（一）目标

通过“探索手册”提示以及结合生活经验，学生能说出水的作用，进一步理解水对自然万物的重要性。

（二）步骤

1. 教师引入：水无处不在，除了我们每天喝的水，用水洗衣、洗碗、洗澡，它还有什么作用呢？
2. 教师组织学生读看“探索手册”里的关于“水的作用”的图片及说明。
3. 教师组织各组学生代表分享水的作用。
4. 教师小结：水能够滋养并孕育万物、食用、清洁、发电、航运、养殖、美化环境、净化空气等等。
5. 思考与互动：如果水发怒会怎么样呢？
6. 教师播放视频：“山中暴雨”“山洪”为主题的视频。
7. 教师总结：大山离不开水，但是如果水发怒，会给大山带来损害和灾难。

环节五：本节课总结（5分钟）

1. 教师回应同学们提出的关于水的问题，并鼓励学生继续提出关于水的问题。
2. 教师总结今日所学。
3. 教师组织学生填写“探索手册”中对应课程的“今日收获”。

六、参考板书

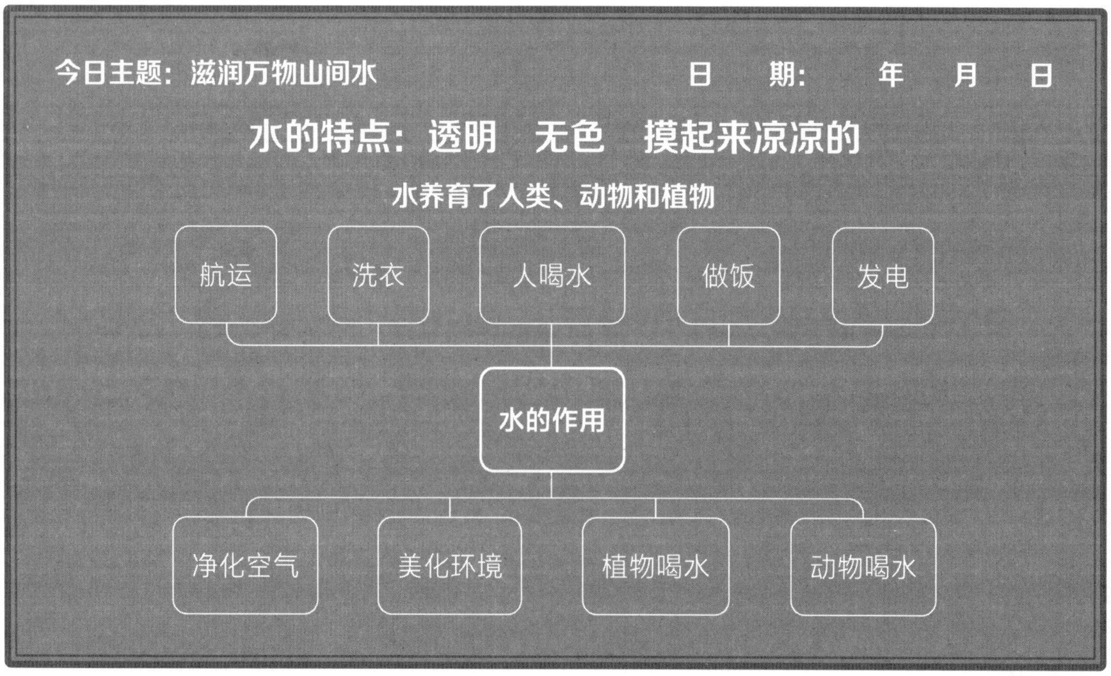

第7课 养育万物山中土（2课时）

一、教学目标

1. 通过读绘本、观察土壤、观看视频，学生能理解土壤对整个生态系统的重要性。

2. 通过五感观察法，学生能有序观察土壤，并说出 1 ～ 2 点土壤的特征。

3. 通过教师引导，学生能绘制以土壤作用为主题的“气泡图”。

二、教学重难点

学生观察土壤，了解土壤的基本特征，理解土壤对生态系统的重要性。

三、教学建议

1. 通过观察活动，教师引导学生认识土壤。

2. 通过教师讲解，学生能理解土壤对动、植物和人类的重要性，意识到要爱护土壤。

四、教学准备

1. 绘本：《泥土好可爱》（纸质图书、电子图书皆可）[1]。

2. 视频：《土壤与我们的生活》（农业科普视频）[2]。

3. 工具和材料：每个小组准备适量山中土（土中可以有小树根、腐烂的碎叶子、非常小的昆虫等动物）；装土的小容器（纸盒或者小盆等）。

---

1 《泥土好可爱》：南京师范大学出版社 2012 年版。

2 网络搜索关键词“农业科普视频丨土壤与我们的生活”即可。

五、教学内容

本次课共6个环节，分别是“上节课回顾”“初次识土”“共读绘本”“观察土”“土的作用大”“本节课总结”，课程时长80分钟（2课时）。

环节一：上节课回顾（5分钟）

1. 齐诵《乡土开课辞》。

2. 教师组织学生回顾课堂规则。

3. 教师组织学生回顾上节课主要内容。

环节二：初次识土（10分钟）

1. 教师引入：上次课，我们认识了水，同学们，你们知道除了常见的水，我们周围还有一种非常重要的事物，可以说它也养育了山中万物，你知道是什么吗？是土！今天，我们一起走近土、认识土，了解它的重要作用。

2. 思考与互动：同学们，你知道什么是土吗？

3. 教师总结：“土”就是覆盖在地球表面的松散物质，我们可以在山里、田里、森林里或者任何地方找到它，它分布广泛。我们有时候也会称它为泥土或土壤。

环节三：共读绘本（25分钟）

（一）目标

通过阅读绘本，学生能够了解土的一些特性。

（二）步骤

1. 教师引入：你玩过土吗？有人说泥土很可爱，你赞同吗？

2. 教师介绍绘本《泥土好可爱》。

（1）读封面：请学生观察绘本封面，说一说看到了什么。

（2）猜故事：让学生们猜一猜绘本讲什么内容。

3. 教师组织学生朗读绘本故事。

4. 教师组织学生精读绘本。

【提示】教师可以给学生通读一遍绘本，再精读一遍。精读时建议先观察绘本每一页的画面，然后再让同学们一起读每一页的文字内容。

5. 思考与互动。

（1）绘本中提到了泥土都在哪里呢？

【参考】在花盆里、公园中、山上、乡村、城市、学校……

（2）绘本中提到了泥土的作用有哪些？

【参考】孕育植物，是小动物的家，供我们玩耍……

（3）绘本的名字为什么叫做《泥土好可爱》呢？

【参考】土是自然界的一部分，是植物生长的基础，也是很多小动物们的家。它软软凉凉的，非常好玩。加一点水和一和，它还能像面团一样揉捏成各种形状。泥土还有不同的颜色……这些都让泥土变得非常可爱。

6. 思考与互动：你觉得泥土可爱吗？

【提示】学生只要言之成理即可。

环节四：观察土（15分钟）

（一）目标

通过细致的观察活动，学生深入了解土的特征。

（二）步骤

1. 教师引入：土是什么样的？同学们有没有认真观察过土？

2. 思考与互动：我们可以从哪些角度观察土呢？

3. 教师小结：我们可以用眼睛看一看土是什么颜色的，找一找土里面有什么；可以用小鼻子接近土，闻一闻有什么味道；还可以用小手摸一摸什么感觉。

4. 教师介绍任务及规则：观察土。

（1）观察土，看土里有什么东西以及它们的大小、形状和颜色。

（2）闻一闻土有什么味道。

（3）用手摸一摸、捏一捏、捻一捻，认真感受土。

（4）在“探索手册”上做好记录。

（5）音量为“2”，时间10分钟。

5. 教师示范动作：如何正确地闻土。

【示范动作参考】把手放在土的上方，用手轻轻扇动空气，让气味飘到鼻子附近，不要将鼻子直接凑到土壤上。

6. 教师组织学生开展观察土的活动：小组领取并观察土。

【提示】

①教师提醒小组同学轮流观察。

②教师提醒学生不要将土放入口中。

③教师可以提前了解是否有学生对土过敏。

7. 观察活动结束，教师组织学生有序洗手。

8. 教师组织小组代表分享自己的观察发现。

9. 教师总结。

（1）同学们看到土里有植物的根系，有植物的叶子、果子，有一些小动物，比如蚯蚓、小蜗牛、小蚂蚁、小蟋蟀，还有小石头、砂砾等，还有我们眼睛看不到的微生物。土里有小动物们生活的痕迹，是它们生活的地方。

（2）有的土看起来是棕色的，有的是黑褐色的。其实土有很多颜色，黑色、棕色、黄色、红色等。为什么会这样？因为不同地方的土壤，组成成分不同或者各种成分的含量不同。

（3）有的同学闻到了一股潮湿的味道，有的闻到了发霉的味道，还有的没有闻到任何味道，为什么会这样？因为土的味道会因为其组成成分和环境条件的不同而有差异。

（4）有的土摸起来很软很细，有的摸起来很粗糙很硬，有的很干燥，有的很湿润，有的里面还有坚硬的小石块。为什么呢？因为土中含有颗粒的大小、多少、含水量以及组成土的物质不同，都会影响土的手感。

环节五：土的作用大（20分钟）

（一）目标

通过观看视频和教师引导，学生进一步理解土在大自然中的重要作用。

（二）步骤

1. 教师引入：土除了可以让植物生长，是小动物的家，你还知道土有哪些重要作用吗？

2. 教师播放：视频《农业科普视频丨土壤与我们的生活》。

【提示】为了让学生能跟上视频节奏，理解视频内容，教师可以播放两遍，让学生带着问题再看视频。

3. 思考与互动：通过视频，同学们知道了土的哪些知识，土有哪些作用呢？

4. 教师总结：土壤对地球上的生命非常重要，地球上 95% 的食物产自土壤，25% 的生命居住在土里。土壤是地球的肺，它调节着大气，还是水循环的重要场所。土在我们生活中，在大自然中都扮演着非常关键的角色。土壤作用真是太大了。

5. 教师介绍任务及规则：绘制以“土的作用”为主题的“气泡图”。

（1）想一想，土有哪些重要作用。

（2）请在“探索手册”上，绘制“气泡图”。

（3）音量为“2”，时长 15 分钟。

6. 教师总结：我们生活在贵州大山之中，山中到处都是土，从茂密的森林到田间的庄稼，它养育了植物，为大山里的百姓和动物提供了食物，为大山中的动物们提供栖息地；在土的过滤下，大山之中的我们也能喝到干净的山泉水……大山同样不能缺少土。

环节六：本节课总结（5分钟）

1. 教师回应同学们提出的关于土的问题，并鼓励学生继续提出关于土的问题。

2. 教师总结今日所学。

3. 教师组织学生填写“探索手册”中对应课程的“今日收获”。

六、参考板书

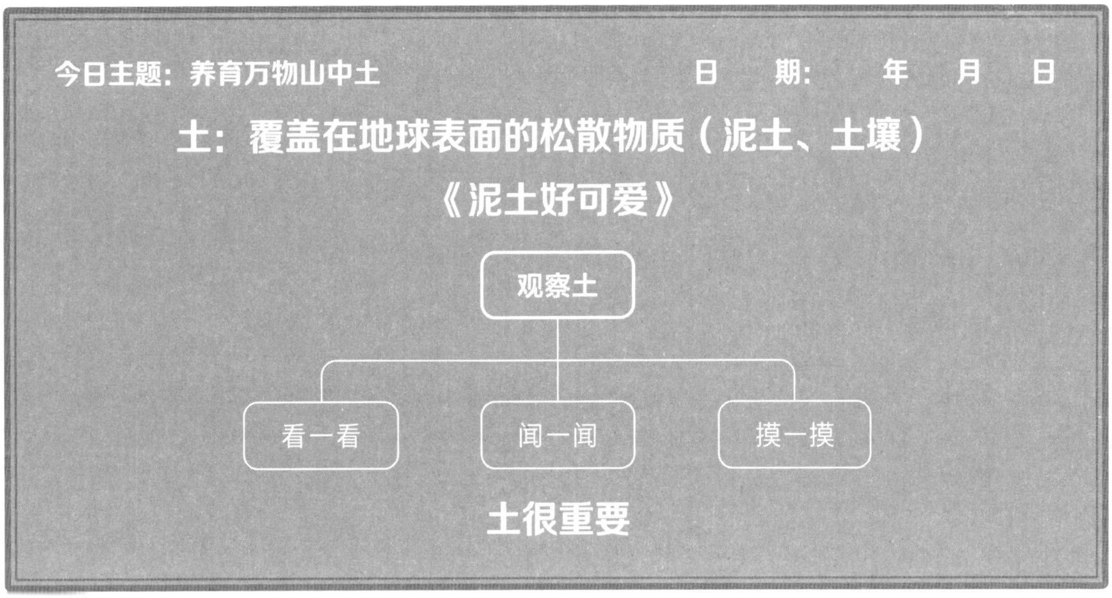

第四单元 我为山中万物代言

一、单元设计思路

“我为山中万物代言”是“山中万物”主题下学期的第四个单元。

通过前几单元的学习，学生们已经了解了日、月、风、云、水、土的基本特征，认识到它们都对动植物和人类的生存具有不可或缺的重要作用。本单元，教师将带领学生通过创作活动“为山中万物代言”、游戏“编织山中万物网”等，进一步加深同学们对自然事物是相互关联、相互依存关系的认识。

二、跨学科设计

本单元课程涉及语文、美术、综合实践三门学科。

三、单元目标

（一）审美情趣

1. 结合自然事物的特点，学生能绘制一幅图文并茂的九宫格作品。

2. 学生能从颜色搭配、文字表达和作品创意等方面评价同学作品或者表达自己的感受。

（二）自信分享

1. 学生能按照分享规则，上台分享观察、感受、创作成果、小组结论等内容。

2. 学生能围绕既定主题进行分享，用清晰的语言表达观点、介绍作品等。

（三）沟通合作

在小组讨论中，学生能使用“轮流发言”“专注倾听”“及时点赞”等合作学习约定。

（四）社会责任

学生能理解山中万物相互依存的关系。

（五）乐学善学

1. 学生能积极参与课堂互动、艺术创作、游戏等活动。

2. 学生能绘制至少包含三级主题的学期“气泡图”，对学期内容进行梳理和回顾。

3. 学生能利用“我的学期成长档案”进行自我评价和小组互评，培养自我和小组反思意识。

四、单元课程目录

第 8 课　我为山中万物代言（2 课时）

第 9 课　山中万物互关联（2 课时）

五、相关概念

代言：代表某阶级、立场等发表言论或作宣传。学生将自己想象成为某个事物（如日、月、风、云、水、土、青蛙、螳螂、小鸟、松树等等），并代表这个事物发言。

第8课 我为山中万物代言（2课时）

一、教学目标

1. 结合本学期所学的自然事物的特点和作用，学生能绘制一幅图文并茂的“代言”作品。

2. 通过教师示范，学生能在小组内介绍自己的作品，同时能从颜色搭配、文字表达和作品创意等方面评价同学的作品或表达自己的感受。

二、教学重难点

学生能总结本学期学习的自然事的物特点和作用。

三、教学建议

1. 教师可建议学生先用铅笔勾画轮廓，最后统一涂色。

2. 教师可建议学生先在草稿纸上写一写代言的内容，然后再誊抄到九宫格中。

四、教学准备

工具：彩笔，每组 1 ~ 2 盒。

五、教学内容

本次课共 4 个环节，分别是“上节课回顾”“我为山中万物代言”“代言作品欣赏会”“本节课总结”，课程时长 80 分钟（2 课时）。

环节一：上节课回顾（5分钟）

1. 齐诵《乡土开课辞》。

2. 教师组织学生回顾课堂规则。

3. 教师组织学生回顾上节课主要内容。

环节二：我为山中万物代言（35分钟）

（一）目标

结合本学期所学的自然事物的特点和作用，学生能绘制一幅图文并茂的九宫格作品。

（二）步骤

1. 教师引入：想一想上学期和本学期，我们都学习了哪些“山中万物”？

2. 教师总结：植物、动物、太阳、月亮、风、云、水、土，它们都是山中万物的重要组成部分，每种事物都对我们人类至关重要。假如你是它们，你想对其他事物说些什么？接下来，就请大家为万物代言。

3. 教师介绍“代言”的意思：把自己想象成为代言对象进行发言。

4. 教师组织学生阅读“探索手册”中的本课内容。

5. 思考与互动：你看到了什么？

6. 教师总结：“探索手册”中有九个格子，也叫做九宫格，其中两个格子已经有了为动物和植物代言的示范。接下来，请你为其他自然事物代言。

7. 教师介绍任务及规则：我为山中万物代言。

（1）请参考“探索手册”中的范例，完成代言作品创作。

（2）在每个格子中，画出一种自然事物，并配上代言的话。

（3）画画：先用铅笔勾画自然事物的轮廓，然后进行配色涂色。

（4）写代言：先在草稿纸上写一写代言的内容，然后字迹工整地誊抄到九宫格中。

（5）音量为“1”，时长 30 分钟。

8. 教师组织学生完成创作活动。

环节三：代言作品欣赏会（35分钟）

（一）目标

在教师指导下，学生能在小组内介绍自己的作品，能欣赏和评价他人的作品。

（二）步骤

1. 教师引入：同学们创作的代言作品都让老师备感意外，我们来相互欣赏一下吧！

2. 教师介绍任务及规则：代言作品欣赏会。

（1）组长选定某位同学先介绍自己的作品。

（2）其他同学欣赏这位同学的作品后做出评价。

（3）可以从颜色搭配、文字表达和作品创意等方面给予评价；也可以表达自己的感受，比如“我喜欢你画的太阳，它看起来很温暖”“这幅画让我感到快乐”。

（4）音量为“2”，时长 20 分钟。

（5）遵守合作学习约定：“轮流发言”“及时点赞”。

轮流发言	
该怎么做？	该怎么说？
①一位同学先分享作品 ②其他同学给予评价	大家好，接下来由我介绍我的作品。我是太阳，我为大地带来了光和热，山中万物都需要我
及时点赞	
该怎么做？	该怎么说？
①竖起大拇指 ②微笑鼓掌	①你介绍得很好 ②你点评得很好

3. 教师组织学生开展组内分享和相互欣赏的活动。

4. 教师总结：同学们的九宫格作品不仅色彩斑斓、充满想象，而且都体现了自己对自然事物的独到理解。在分享和评价的过程中，我们不仅学会了欣赏他人作品，也锻炼了我们的表达和倾听能力。为大家点赞。

【提示】如果班级人数较少，教师也可以将所有的作品集中展示，组织学生集体欣赏和评价。

环节四：本节课总结（5分钟）

1. 教师总结今日所学。

2. 教师组织学生填写“探索手册”中对应课程的“今日收获”。

六、参考板书

今日主题：我为山中万物代言	日　期：　年　月　日
为万物代言：代表自然事物发言	
九宫格：绘画+代言内容	

第 9 课 山中万物互关联（2 课时）

一、教学目标

1. 通过“编织山中万物之网”的体验活动，学生理解山中万物互相关联、相互依存的关系。

2. 通过教师引导，结合学期所学，学生能绘制至少包含三级主题的学期“气泡图”，对本学期所学内容进行梳理和总结。

3. 通过使用“我的学期成长档案”，学生能评价自己和组员的学习表现，反思个人表现和成长。

二、教学重难点

学生能够理解山中万物相互依存的关系。

三、教学建议

1. 教师选择一个比较开阔的场地。

2. 教师可以在上课前，邀请其他老师一起试玩。

四、教学准备

1. 材料：一大捆麻绳或几团毛线，用于开展“万物之网”的游戏。

2. 分组：如果班级人数在 25 人以下，可以全班一起玩；如果人数超过 25 人，教师可以把全班各小组合并为 3 ~ 4 个大组。

3. 小卡片：用 A4 纸裁成 16 等份，每大组 1 份，每 1 小份写有太阳、月亮、风、云、水、土、常见动物名称、常见植物名称。

4. 活动场地：找一个相对空旷的场地，可以围成一个圆圈开展游戏活动。

五、教学内容

本次课共 4 个环节，分别是“上节课回顾”“编织山中万物网”“共绘学期‘气泡图’”“我的学期成长档案”，课程时长 80 分钟（2 课时）。

环节一：上节课回顾（5分钟）

1. 齐诵《乡土开课辞》。

2. 教师组织学生回顾课堂规则、户外课堂约定。

3. 教师组织学生回顾上节课主要内容。

环节二：编织山中万物网（35分钟）

（一）目标

通过“编织山中万物网”的游戏，学生再次体会山中万物的紧密关系。

（二）步骤

1. 教师引入：上学期和本学期，我们学习了“山中万物”主题，学习的内容包括植物、动物、太阳、月亮、云、风、水、土。同学们知道它们之间有什么样的关系吗？

2. 教师介绍游戏及规则：编织山中万物之网。

（1）学生每人抽取一张卡片，扮演卡片上的事物。

（2）以小组为单位，按顺序跟随老师到户外。

（3）所有同学围成圆圈。

【游戏玩法介绍】

①教师手持线团，随机选同学 A（如抽到“蜗牛”卡片）牵住线的一头。

②教师提问：“哪些事物和蜗牛有关系？”

③抽到相关卡片（如“小鸟”，称“蜗牛是我的美食”）的同学 B 举手回答，走到 A 和教师中间牵住线的另一头并回位。此时同学 A 继续牵着线，同学 B 也牵着线，线团则继续在教师手中。

④教师继续提问：“哪些事物和小鸟有关系？”

⑤和小鸟有关系的“自然事物”可以举手并大声说，以此类推，直到所有的扮演者都牵线成功。

3. 教师组织并带领学生开展游戏活动。

4. 教师组织 2 ~ 3 位扮演者拉一拉手中的线，询问其他扮演者是否感受了被拉扯。

5. 思考与互动：你有什么发现？如果其中的任一条线断了，可能会发生什么？

6. 教师总结：山中各种自然事物相互关联，它们紧密联系在一起，缺一不可。

环节三：共绘学期“气泡图”（20分钟）

（一）目标

在教师引导下，学生回忆学期所学，用“气泡图”呈现“山中万物”主题内容。

（二）步骤

1. 教师引入：想一想，我们本学期都学了哪些内容，开展了哪些活动？你印象深刻的有什么？

2. 教师组织学生尝试绘制学期“气泡图”[1]。

【提示】

①如果大部分学生不会画，教师可以带着学生一起画。

②教师带二年级学生绘制的学期“气泡图”需要包含至少三级，即学期主题、单元主题、课堂主题以及课堂主要活动和活动中开展内容的关键信息。具体可以参考电子课件中的“气泡图”示范。课堂具体所学内容和开展的活动，教师可以带学生翻阅“探索手册”进行简单的复习。

3. 教师出示：“山中万物”主题下学期的“气泡图”。

环节四：我的学期成长档案（20分钟）

（一）目标

在教师引导下，学生完成“我的学期成长档案”的填写。

（二）步骤

1. 教师引入：本学期学习到这里就结束了，我们表现得怎么样呢？接下来我们一起来给自己、给小组成员评一评吧！

2. 教师介绍并组织学生填写“我的学期成长档案”[2]。

3. 教师可结合实际情况，组织学生分享学期个人成长情况。

4. 教师组织各小组，遵守“轮流发言”的合作学习约定，在组内互相表达感谢。感谢这个学期，彼此之间的支持与帮助。

六、参考板书

今日主题：山中万物互关联　　　　日　期：　　年　月　日

山中万物相互关联，紧密联系，缺一不可。

---

1 “气泡图”的绘制方法，可参考本手册上册“植物生存有智慧”，见本书第 36 页。

2 “我的学期成长档案”的填写方法，可参考“植物生存有智慧”，本书第 37 页。

七、气泡图

本“气泡图”仅展示了学期内容框架，教师带领学生绘制“气泡图”时，可参考电子课件中的范例。

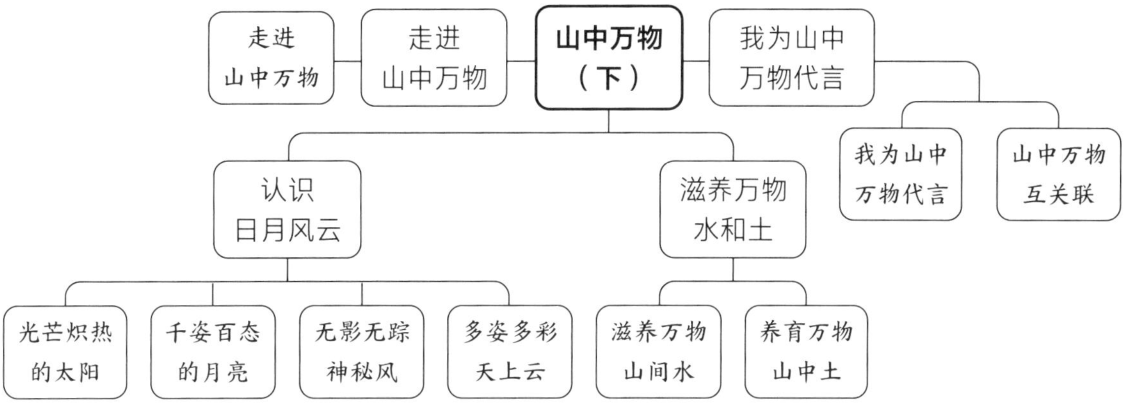

附录 1 ▍“山中万物”（下）教具清单

序号	对应课程	物品名称	单位	分配方式	使用说明
1	整个学期	《山中万物》（引导手册）	本	1 本 / 师	教师使用
2		《山中万物（下）》（探索手册）	本	1 本 / 生	学生使用
3		计时器	个	1 个 / 班	活动计时
4		彩笔	盒	1 ~ 2 盒 / 组	绘画
5	开学第一课	自制分组小卡片	套	1 套 / 组	分组
6	第 2 课 光芒炽热的太阳	《挂太阳》	本	1 本 / 班	课堂绘本
7	第 3 课 千姿百态的月亮	《月亮的秘密》	本	1 本 / 班	课堂绘本
8	第 4 课 无影无踪神秘风	干净且不漏风的塑料袋、纸板、气球	套	1 套 / 组	活动
9	第 6 课 滋润万物山间水	透明玻璃杯或试管	个	2 个 / 组	观察
10		常见的叶子	片	若干片 / 组	
11	第 7 课 养育万物山中土	山田中的土、盛土的盆	套	1 套 / 组	观察
		《泥土好可爱》	本	1 本 / 班	课堂绘本
12	第 9 课 山中万物互关联	麻绳 / 棉线	捆	1 捆 / 班	活动
13		小卡片	套	1 套 / 组	

附录 2丨“山中万物”（下）学生学期评价量表

素养目标	评价标准			
	非常出色	再接再厉	努力加油	还需改进
自信分享	1. 愿意分享观察、感受、作品、小组结论等内容 2. 能良好地遵守分享礼仪 3. 能围绕主题分享，用流畅的语言表达观点、分享小组结论和作品等	1. 愿意分享观察、感受、作品、小组结论等内容 2. 能较好地遵守分享礼仪 3. 能围绕主题分享，用较流畅的语言表达观点、分享小组结论和作品等	1. 愿意分享观察、感受、作品、小组结论等内容 2. 在教师指导下，能遵守分享礼仪 3. 能围绕主题分享	不愿意分享等
社会责任	1. 在大多数情况下，能良好地遵守课堂规则 2. 能说出自然事物对生命的重要作用，初步理解自然养育生命	1. 在教师和同学的提醒下，大多数情况下能遵守课堂规则 2. 能说出自然事物对生命的重要作用，初步理解自然养育生命	1. 在教师和同学的的提醒下，能遵守课堂规则 2. 能说出自然事物对生命的重要作用	1. 在教师和同学的提醒下，依然不能遵守课堂规则 2. 说不出自然事物的重要性等
勇于探究	1. 在观察探索活动中，能提出关于自然事物的具体且符合要求的问题 2. 能利用多种感官或简单的工具，得出问题答案或结论	1. 在观察探索活动中，能提出关于自然事物的具体的问题 2. 能利用多种感官或简单的工具进行探究	1. 在观察探索活动中，能提出关于自然事物的问题 2. 参与探究过程	1. 在观察探索活动中，提不出问题 2. 消极参与探究活动等
乐学善学	1. 在大多数课堂中，能积极参与课堂互动、小组讨论、艺术创作等活动 2. 能绘制逻辑清晰、字迹工整、至少包含三级主题的“气泡图”，对所学内容进行梳理总结 3. 能认真填写“我的成长档案”进行自我评价和小组互评，从多个维度简单反思自己和组员的变化	1. 在半数课堂中，能积极参与课堂互动、小组讨论、艺术创作等活动 2. 能绘制至少包含三级主题的“气泡图”，对所学内容进行梳理总结 3. 能认真填写“我的成长档案”进行自我评价和小组互评，简单地反思自己和组员的变化	1. 在教师指导下，能参与课堂互动、小组讨论、艺术创作等活动 2. 能绘制“气泡图” 3. 在教师指导下，能填写“我的成长档案”参与自我评价和小组互评的活动	1. 对课堂活动存在消极抵抗等行为 2. “气泡图”逻辑混乱、字迹潦草 3. 不能完成“我的成长档案”

（续表）

素养目标	评价标准			
	非常出色	再接再厉	努力加油	还需改进
沟通合作	1. 在小组讨论中良好地遵守“轮流发言”“专注倾听”等合作学习约定 2. 能良好地完成小组任务	1. 在小组讨论中较好地遵守“轮流发言”“专注倾听”等合作学习约定 2. 能较好地完成小组任务	1. 在教师指导下，在小组讨论中能基本遵守“轮流发言”“专注倾听”等合作学习约定 2. 在教师指导下，能参与小组任务	不愿意参与小组合作
乡土认同	在探究日月风云水土等自然事物和现象中，对家乡自然环境有深入认识	在探究日月风云水土等自然事物和现象中，对家乡自然环境有了新的认识	在探究日月风云水土等自然事物和现象中，对家乡自然环境有了初步的认识	对家乡自然环境的认识较模糊或存在故意破坏家乡自然环境的行为等
审美情趣	1. 创作的作品，主题鲜明、线条流畅、轮廓清晰、色彩协调、作品内容丰富、画面干净（任意达成 3 点即可） 2. 能从 1 ~ 2 个维度用较完整的话表达发现和感受	1. 创作的作品，主题鲜明、线条流畅、轮廓清晰、色彩协调、作品内容丰富、画面干净（任意达成 2 点即可） 2. 能用较完整的话表达发现和感受	1. 在教师引导下，能通过绘画的形式完成主题创作 2. 在教师的指导下，能表达发现和感受	不能顺利参与活动或存在消极抵抗等行为

附录 3 | 合作学习约定汇总

本附录汇总了本手册出现的 9 条合作学习约定，供教师在实际的教学场景中参考。

举手表决	
该怎么做？	该怎么说？
①同意举手 ②不同意则不举手	①我同意我举手 ②我不同意我不举手
轮流发言	
该怎么做？	该怎么说？
一次只有一个人发言	①我认为…… ②轮到你发言了
专注倾听	
该怎么做？	该怎么说？
①看着发言的人，微笑或点头表示听懂 ②不打断别人的发言	—（保持音量为“0”）
分工明确	
该怎么做？	该怎么说？
听取组长的分工安排	我的分工是……
多方求助	
该怎么做？	该怎么说？
①接受帮助 ②按求助顺序求助：工具书→组员→组长→其他小组→老师	①可以帮帮我吗？ ②我需要协助
积极助人	
该怎么做？	该怎么说？
①帮助别人 ②相互交流	①你需要帮忙吗？ ②我来帮你！
达成共识	
该怎么做？	该怎么说？
①让组员充分发表意见 ②少数服从多数	①这张图片我们的结论是…… ②大家是否同意？
及时点赞	
该怎么做？	该怎么说？
①竖起大拇指 ②微笑鼓掌	①你介绍得很好！ ②你点评得很好！
做好记录	
该怎么做？	该怎么说？
①记录员记录 ②要点和结论	组员：我来做记录 组长：请你负责记录……可以吗？

致谢

自 2018 年春季学期始，《山中万物》主题历经七载春秋，九次迭代更新，这本课程引导手册在贵州省遵义市正安县、务川仡佬族苗族自治县、黔西南布依族苗族自治州贞丰县、兴义市、毕节市七星关区等百余所乡村小学的沃土上进行了实践。

在此过程中，我们得到了来自社会各界的广泛支持与积极参与，对此，我们深感荣幸！在此，我们向所有支持者表达最深切的感激之情：

贵州省正安县田字格兴隆实验小学，作为乡土人本教育的实践典范与乡土课的摇篮，为我们提供了丰富的课程教学经验，是我们重要且宝贵的实践基地。

中国发展研究基金会为“乡土村小”项目学校实施乡土课提供了强有力的支持，为乡土教育的蓬勃发展注入了新活力。

贵州省正安县教育体育局、毕节市七星关区教育局、贞丰县教育局、兴义市教育局和务川仡佬族苗族自治县教育体育局等相关教育主管部门，多年来始终坚定不移地支持着乡土教育项目，为百余所乡村小学的一线教师顺利开展乡土课教学提供了坚实保障。这些一线教师在教学实践中积累的丰富经验，以及地方教育主管部门针对过往教学、教案、课堂反馈提出的宝贵意见与改进建议，不仅极大地推动了乡土课课程设计的持续精进与完善，更为成功编纂本套丛书奠定了坚实基础。

此外，北京师范大学郑新蓉教授为本书提供了宝贵的指导意见。

我们还要向所有为这套系列课程贡献力量的领导、专家、老师以及同行伙伴致以最诚挚的谢意。正是有了大家的共同努力和智慧，这套手册才能得以完善，更好地服务于乡村教育的实践和发展。

致谢名单

参与《山中万物》(引导手册)编写的伙伴：钟馨乐，仲夏，田艳莉。

参与《山中万物》(探索手册)编写的伙伴：向春蕾，陈晓蕾。

参与《山中万物》(引导手册)课件制作和“引导手册”“探索手册”校对的伙伴：杨智文，毛静娴，郑锐沙，程清卓，魏玲，陈安琪，李昀琪，黄丽群。